● 对外汉语语言文化丛书 ●

丛书主编 / 岑咏 吴安萍

汉语轻松学

综合篇

韩淑靖　吴安萍　王抒诣◎主　编

岑　咏　张　琼　朱宇盈◎副主编

中国纺织出版社有限公司

内 容 提 要

本教材以学生熟悉和需要的生活内容为主线，以汉英对照的语言形式呈现内容，以短小精炼的对话展开教学，以相关场景的视频进行拓展。该课程分课文、活动和练习三部分，让学生在课前、课中和课后都可以充分利用该教材进行学习。

本教材遵循汉语国际推广的理念，注重教材的普及性、应用性和趣味性。该课程内容从零到一，循序渐进，适用于所有对汉语有兴趣的读者朋友。

图书在版编目（CIP）数据

汉语轻松学. 综合篇：汉、英／韩淑靖，吴安萍，王抒诣主编. --北京：中国纺织出版社有限公司，2022.7

（对外汉语语言文化丛书／岑咏，吴安萍主编）

ISBN 978-7-5180-9417-2

Ⅰ.①汉… Ⅱ.①韩… ②吴… ③王… Ⅲ.①汉语－对外汉语教学－自学参考资料 Ⅳ.①H195.4

中国版本图书馆CIP数据核字（2022）第043438号

责任编辑：郭 婷 责任校对：寇晨晨 责任印制：储志伟

中国纺织出版社有限公司出版发行

地址：北京市朝阳区百子湾东里A407号楼 邮政编码：100124

销售电话：010—67004422 传真：010—87155801

http://www.c-textilep.com

中国纺织出版社天猫旗舰店

官方微博 http://weibo.com/2119887771

北京通天印刷有限责任公司印制 各地新华书店经销

2022年7月第1版第1次印刷

开本：710×1000 1／16 印张：15.25

字数：280千字 定价：59.80元

前言

在当今世界经济全球化的时代背景下，习近平总书记顺应时代发展提出"一带一路"倡议。2016年教育部发布《推进共建"一带一路"教育行动》，该文件作为《关于做好新时期教育对外开放工作的若干意见》的配套，也为教育领域推进"一带一路"建设提供了支撑。2020年6月，《教育部等八部门关于加快和扩大新时代教育对外开放的意见》正式印发，《意见》提出，建立中国特色国际课程开发推广体系，优化汉语国际传播，支持更多国家开展汉语教学。

《汉语轻松学·综合篇》的编写初衷是基于国家商务部全国首个非学历职教援外培训项目在我校承办，东帝汶民主共和国45名学员在华接受为期一年的培训。为了丰富学员的培训内容，也为了更好地开展"一带一路"教育合作，宁波职业技术学院开设了对外汉语系列课程。该课程以培养汉语作为第二语言的学习者掌握用汉语进行听说读写的语言综合运用能力为主要教学目标，以技能训练为中心，将语言知识转化为技能，以基础阶段为重点，按照认知规律展开教学，同时与文化因素紧密结合。语言教学离不开文化教学，语言是文化交流的载体和桥梁，汉语国际传播既要传播好汉语言，让更多的人说好中国话，也要传播好汉文化，让更多的人认识中国，以"文化自信"为引领，讲好中国故事。

《汉语轻松学·综合篇》以学生熟悉和需要的生活内容为主线，以汉英对照的语言形式呈现内容，以短小精炼的对话展开教学，以相关场景的视频进行拓展。该课程分课文、活动和练习三部分，让学生在课前、课中和课后都可以充分利用该教材进行学习。

课文部分注重功能和话题，引导学生带着兴趣进入学习，其中热身部分以图画形式展现，注重汉语的实际运用场景；注释部分巧妙地把枯燥的语法点融合在注释里，尽量以表格、公式的形式展现有难度的语法；文化部分是课文内容的扩展部分，让学生不仅能学习语言知识，还能加深对中国社会文化的理解，更好地融入在中国的生活。

　　活动部分注重形式的多样性和层次性，设计简单，操作性强，包括听说读写四方面，内容的呈现具有"趁热打铁"的效果。活动部分的操练与课文部分的内容衔接性强，不仅可以作为教师上课所需的课堂活动内容，也可以作为课后作业供学生完成。其中，拓展视频以生活场景（学校、银行、超市、机场）为载体，以二维码扫描的形式轻松实现学生随时随地自学，更多视频内容也可以扫描封底二维码获得。

　　练习部分注重图文并茂，打破传统练习框架，让学生能在真实、生动的形式中完成技能任务和操练任务。在"做"中学、在"用"中学，让学生在体验中学到知识，这也是练习部分的设计初衷。

　　本教材遵循汉语国际推广的理念，注重教材的普及性、应用性和趣味性。该课程内容从零到一，循序渐进，适用于所有对汉语有兴趣的读者。

　　本教材编写得到了中国教育部中外语言合作中心（原国家汉办）2021 年度国际中文教育研究课题项目、浙江省教育厅 2021 年度高校访问工程师项目和宁波市教育局 2021 年"一带一路"中文学习及职教慕课课程《汉语口语实训》的支持，同时得到了学校领导的热切鼓励，得到了许多同仁的细心帮助，得到了留学生马迪和安吉的热心参与，得到了责任编辑郭婷老师的悉心指导，在此表示衷心感谢！虽然编者在教材编写中力求严谨，但限于学识水平与能力，书中不妥和疏漏之处仍在，恳请读者批评指正，不甚感激！

编者

2022 年 1 月

目录

PART C　练习 Exercise　^{liànxí} 181

PART A

kèwén
课文 Text

第一课　你好，汉语

Lesson One　Hello, Chinese

<table>
<tr><td>

</td><td>

Xuéxí Hànyǔ yǔyīn xìtǒng hé shūxiě xìtǒng
1. 学习汉语语音系统和书写系统。
Learn Chinese phonetic system and writing system.

Xuéxí yòng　nǐ hǎo　dǎ zhāohu
2. 学习用"你好"打招呼。
Learn to greet each other with "nǐ hǎo".

</td></tr>
</table>

Kànkan xiàmian de túpiàn ❶，cāi yi cāi　nǎ yí bùfen shì yǔyīn　nǎ yí bùfen shì Hànzì
看看下面的图片 ❶，猜一猜，哪一部分是语音，哪一部分是汉字？
Qǐngjiāng xùhào tián zài kònggé zhōng
请将序号填在空格中。

Take a look at the picture and guess, which part is the phonetic and which part is the Chinese character? Please write the corresponding number in the blank box.

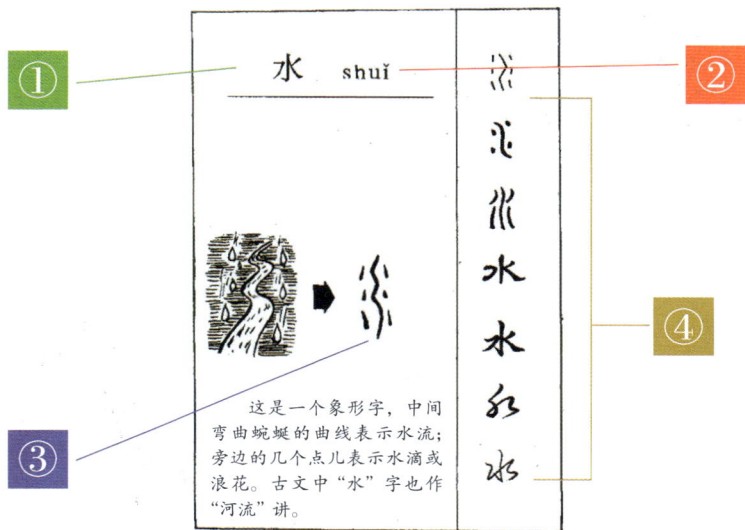

①　水　shuǐ　②

④

③

这是一个象形字，中间弯曲蜿蜒的曲线表示水流；旁边的几个点儿表示水滴或浪花。古文中"水"字也作"河流"讲。

语音 Pronunciation			
汉字 Chinese character			

xiǎng yi xiǎng
想一想　**Think about it**

Hànzì jùyǒu jí xíngxiàng shēngyīn hé cíyì sān zhě yú yìtǐ de tèxìng ma
汉字具有集形象、声音和词义三者于一体的特性吗？
Do you think Chinese characters have the characteristics of integrating image, sound and meaning?

---

❶　参考来源：李乐毅，《汉字演变五百例》，北京语言大学出版社.
Reference: Li Leyi, HANZI YANBIAN WUBAILI, BEIJING LANGUAGE AND CULTURE UNIVERSITY PRESS.

duìhuà 对话 Dialogue

shēngcí 生词 New words

你	nǐ	*pron.*	you
您	nín	*pron.*	you
好	hǎo	*adj.*	fine

1

A: Nǐ hǎo
你好！
Hello!

B: Nǐ hǎo
你好！
Hello!

2

A: Nǐ hǎo
你好！
Hello!

B: Nín hǎo
您好！
Hello!

Shénme qíngkuàng kěyǐ yòng nǐ hǎo hé nín hǎo
什么情况可以用"你好"和"您好"？
When should we use "nǐ hǎo" and "nín hǎo"?

注释 Notes
zhùshì

1. "你好" 和 "您好"
nǐ hǎo   hé   nín hǎo

"nǐ hǎo" **and** "nín hǎo"

Nǐ hǎo hé nín hǎo dōu shì Zhōngguórén dǎ zhāo hu de yòngyǔ yóuqí zài hé mòshēng

"你好" 和 "您好" 都是中国人打招呼的用语，尤其在和陌生

rén kāishǐ duìhuà shí huì shǐyòng zhè liǎng zhǒng wènhòu

人开始对话时，会使用这两 种问候。

Nín shì nǐ de zūnchēng yìbān chēng niánzhǎng de rén huò shàngjí yòng nín

"您" 是 "你" 的尊称，一般 称 年长的人或上级用 "您"。

Tóngbèi zhījiān wèile biǎoshì jìngyì yě kěyǐ yòng nín Zài fúwù hángyè wèile biǎoshì

同辈之间为了表示敬意，也可以用 "您"。在服务行业，为了表示

zūnzhòng hé lǐmào fúwùyuán cháng yòng nín hǎo lái wènhòu gùkè

尊重和礼貌，服务员常 用 "您好" 来问候顾客。

"Nǐ hǎo" and "nín hǎo" are the words that the Chinese say hello, especially when you start a conversation with a stranger.

"Nín" is a more polite form of "nǐ", which is usually used for seniors or people of a higher rank. It is also used for peers in order to express politeness. In the service industry, in order to show respect and courtesy, the waiter often uses "nín hǎo" to greet the guests.

试一试 Have a try
shì yi shì

Gēnjù túpiàn xuǎnzé zhèngquè de wènhòu

根据图片，选择 正 确的问候。

Complete the following blanks with "nǐ hǎo" or "nín hǎo":

你好
nǐ hǎo

① _____

② _____

Hànyǔ yǔyīn xìtǒng hé shūxiě xìtǒng
2. 汉语语音系统和书写系统

Chinese phonetic system and writing system

Hànyǔ yóu liǎng ge xìtǒng zǔchéng yí gè shì yǔyīn xìtǒng lìng yí gè shì shūxiě xìtǒng
汉语由两个系统组成，一个是语音系统，另一个是书写系统。

Yǔyīn xìtǒng jiàozuò pīnyīn yóu shēngmǔ yùnmǔ hé shēngdiào sān bùfen zǔchéng Qízhōng
语音系统叫作拼音，由声母、韵母和声调三部分组成。其中

shēngdiào shì qūfēn yìyì de guānjiàn yīnsù xuéhǎo shēngdiào hěn zhòngyào Hànyǔ de shūxiě
声调是区分意义的关键因素，学好声调很重要。汉语的书写

xìtǒng jiàozuò Hànzì yóu bǐhuà bùshǒu hé jiégòu sān bùfen zǔchéng Hànzì shì Zhōngguó
系统叫作汉字，由笔画、部首和结构三部分组成。汉字是中国

wénhuà de zhòngyào zǔchéng bùfen rèndú Hànzì yě hěn zhòngyào
文化的重要组成部分，认读汉字也很重要。

Xià tú yǐ hǎo zì wéi lì xiángxì shuōmíng qí yǔyīn xìtǒng hé shūxiě xìtǒng de
下图以"好"字为例，详细说明其语音系统和书写系统的

yǒujī jiéhé
有机结合。

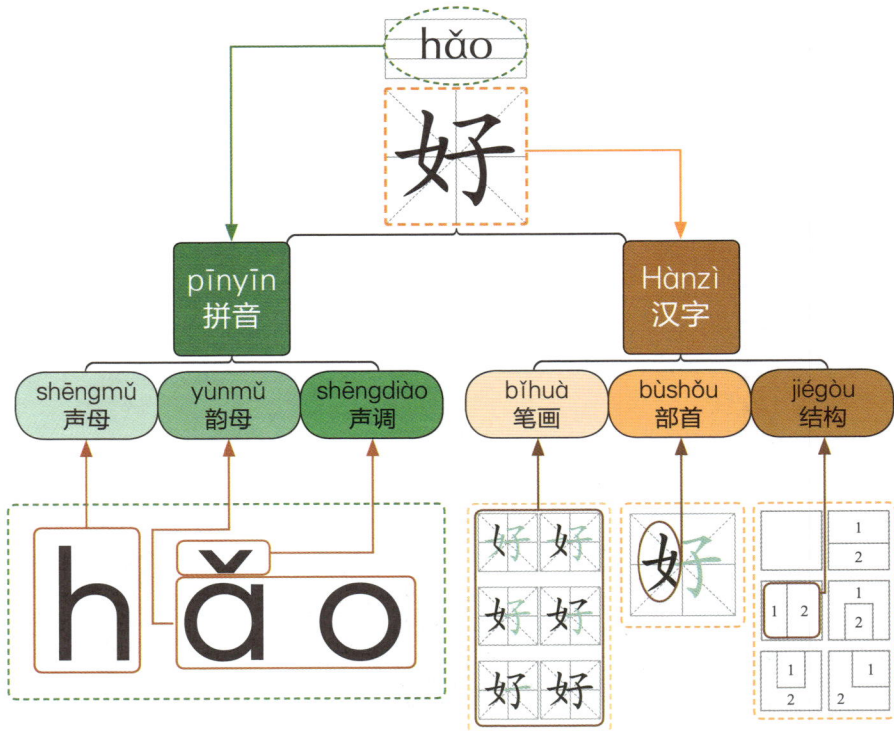

Chinese language has two systems, one is the phonetic system, the other is the writing system. The name of this phonetic system is Pinyin which contains three parts: Initial, Final and Tone. The tone is very important to discriminate the word's meaning. The name of this writing system is Hanzi which contains three parts: Stroke, Radical and Structure. Hanzi is one part of Chinese culture. You learn Hanzi well, you know China well.

The picture above takes the character "好" as an example to illustrate the organic combination of its phonetic system and writing system.

发音　Pronunciation
fāyīn

zìmǔ biǎo 字母表 Alphabet	shēngmǔ 声母 Initials	b　p　m　f　d　t　n　l g　k　h　j　q　x zh　ch　sh　r　z　c　s　y　w	
	yùnmǔ 韵母 Finals	dān yùnmǔ 单韵母 Simple finals	
		a　o　e　i　u　ü	
		fù yùnmǔ 复韵母 Compound finals	
		ai　ei　ui　ao　ou　iu　ie　üe　er an　en　in　un　ün　ang　eng　ing　ong	
	zhěngtǐ rèndú yīnjié 整体认读音节 The whole syllables	zhi　chi　shi　ri　zi　ci　si yi　wu　yu　ye　yue　yuan　yin　yun　ying	

续表

shēngdiào 声 调 Tone	dì–yī shēng yīnpíng 第一声（阴平） The first tone	―	ā ō ē ī ū ǖ
	dì–èr shēng yángpíng 第二声（阳平） The second tone	´	á ó é í ú ǘ
	dì–sān shēng shàngshēng 第三声（上声） The third tone	ˇ	ǎ ǒ ě ǐ ǔ ǚ
	dì–sì shēng qùshēng 第四声（去声） The fourth tone	`	à ò è ì ù ǜ

Hànzì
汉字 Chinese character

jīběn bǐhuà
1. 基本笔画
Basic Strokes

2. 基本部首
jīběn bùshǒu
Basic Radicals

宀	厂	又	人	夂	纟	心
辶	亻	刂	冫	冂	火	灬
卩	阝	囗	宀	扌	王	方
忄	口	犭	广	辶	父	木
彳	土	门	山	尸	日	礻
子	艹	氵	弓	女	攵	月
目	疒	田	钅	穴	石	白
禾	虫	米	足	竹	冖	勹

3. 基本结构
Basic Structures

jīběn jiégòu

（1）独体字结构

又　　万

（2）上下结构

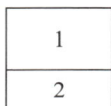　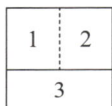　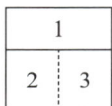　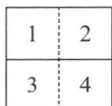　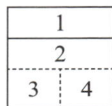　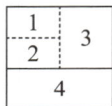

思　　哲　　霖　　燚　　蕊　　壁

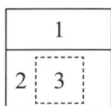　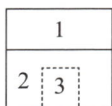　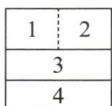　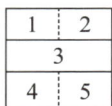　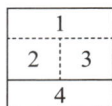　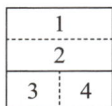

菌　　肖　　絮　　器　　孽　　蠢

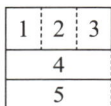　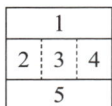　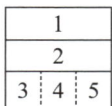

舆　　燕　　赢

（3）左右结构

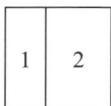　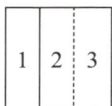　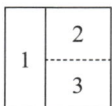　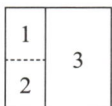　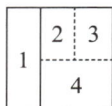　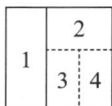

灯　　辨　　搂　　魏　　攒　　撬

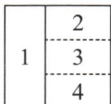　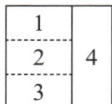　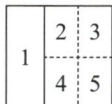　　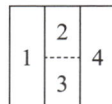

漫　　割　　啜　　假　　掰

（4）左上右包围结构

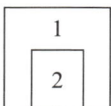　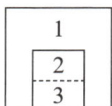　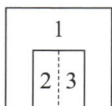　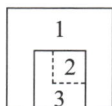

凤　　同　　阔　　囷

续表

（5）左下右包围结构

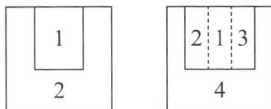

画　　　　　幽

（6）左下包围结构

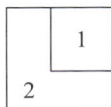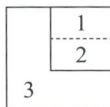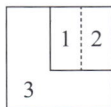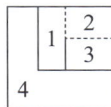

建　　　　迤　　　　遂　　　　邂

（7）上左下包围结构

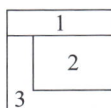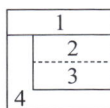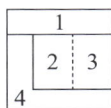

匝　　　　匮　　　　匪

（8）上左包围结构

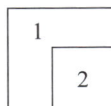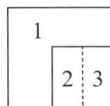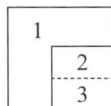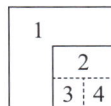

床　　　　庇　　　　痹　　　　屏

（9）上右包围结构

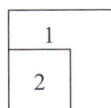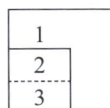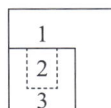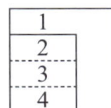

旬　　　　氧　　　　匈　　　　氤

（10）全包围结构

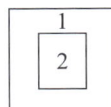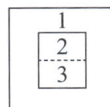

因　　　　图

（11）对称结构

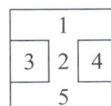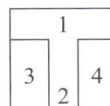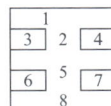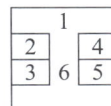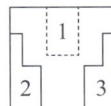

巫　　　　乖　　　　噩　　　　爽　　　　鼎

wénhuà
文化 **Culture**

Hànyǔ yǒuzhe qiānnián de lìshǐ shì Zhōnghuá Rénmín Gònghéguó guānfāng yòngyǔ yě shì
汉语有着千年的历史，是中华人民共和国官方用语，也是

Liánhéguó gōngzuò yòngyǔ zhī yī Zhōngguó dìyù liáokuò měi ge dìqū yǒu zìjǐ de fāngyán
联合国工作用语之一。中国地域辽阔，每个地区有自己的方言。

Wǒmen xiànzài suǒ xué de Hànyǔ shì xiàndài Hànyǔ yòu jiào Pǔtōnghuà huòzhě Zhōngwén
我们现在所学的汉语是现代汉语，又叫普通话或者中文。

Zhōngguó shì shìjiè shàng rénkǒu zuì duō de guójiā gòng yǒu wǔshíliù gè mínzú bùtóng
中国是世界上人口最多的国家，共有五十六个民族，不同

de mínzú shuō bùtóng de mínzú yǔyán Hànzú shì zuìdà de mínzú qíyú bèi chēngwéishǎoshù
的民族说不同的民族语言。汉族是最大的民族，其余被称为少数

mínzú Hànyǔ shì gè mínzú zhījiān de gòngtóng jiāojìyǔ
民族，汉语是各民族之间的共同交际语。

Chinese language, with a history of thousands of years, is the official language of the People's Republic of China and one of the working languages of the United Nations. China has a vast territory, and each region has its own dialect.The Chinese we are learning now is modern Chinese, also known as Mandarin or Zhongwen .

China is the most populous country in the world. There are 56 ethnic groups, and different ethnic groups speak different national languages. The Han ethnic group is the largest one, and the other ethnic groups are called ethnic minorities. Chinese language is a common communicative language among ethnic groups.

第二课　你叫什么名字
Dì – èr kè　Nǐ jiào shénme míngzi

Lesson Two　What is your name

1. 学习询问对方的名字。
Xuéxí xúnwèn duìfāng de míngzi
Learn how to ask someone's name.

2. 了解中国"百家姓"。
Liǎojiě Zhōngguó Bǎijiāxìng
Learn the knowledge of Hundred Chinese Surnames.

Kànkan xiàmian de túpiàn　　chá yi chá　　tāmen de Zhōngwén míngzi shì nǎ yí gè
看看下面的图片，查一查，他们的中文名字是哪一个？

Look at the pictures below, search the internet for these names which one is their Chinese name?

①

②

③

④

⑤

⑥

Zhāng Zhòngjǐng	Qián Xuésēn	Lǐ Xiǎolóng	Dèng Lìjūn	Léi Fēng	Liú Chángchūn
张 仲 景	钱 学 森	李 小 龙	邓 丽 君	雷 锋	刘 长 春

xiǎng yi xiǎng
想一想　Think about it

Zhōngguórén de míngzi yǒu shénme tèdiǎn
中国人的名字有什么特点？

What are the characteristics of Chinese names?

对话 Dialogue
duìhuà

生词 New words
shēngcí

叫	jiào	*v.*	call
什么	shénme	*pron.*	what
名字	míngzi	*n.*	name
我	wǒ	*pron.*	I,me
呢	ne	*particle*	how about
姓	xìng	*v.*	surname
大家	dàjiā	*pron.*	everyone
他	tā	*pron.*	he, him
她	tā	*pron.*	she, her

1

Nǐ hǎo　　Nǐ jiào shénme míngzi
A: 你好！ 你叫什么名字？
　　Hello！　What is your name?

Nǐ hǎo　　Wǒ jiào Lǐ Lán　　Nǐ ne
B: 你好！ 我叫李兰。 你呢？
　　Hey！　My name is Li Lan. And you?

Wǒ jiào Dàwèi
A: 我叫大卫。
　　My name is David.

Tāmen jiào shén me míngzi
他们叫什么名字？
What are their names?

2

Dàjiā hǎo
大家好!
Hello, everybody!

Wǒ xìng Zhāng jiào Zhāng Fēng
我姓张，叫张峰。
My name is Zhang Feng. My family name is Zhang.

Nǐ xìng shénme Jiào shénme
你姓什么？叫什么？
What is your surname? And what is your full name?

3

Tā xìng Lǐ jiào Lǐ Wén
她姓李，叫李文。
Her name is Li Wen. Her family name is Li.

Tā xìng Mǎ jiào Mǎ Dàlì
他姓马，叫马大力。
His name is Ma Dali. His family name is Ma.

Nǐ zhīdào Zhōngguórén yǒu duōshao zhǒngxìng ma
你知道中国人有多少种姓吗？
Do you know how many surnames are there in China?

注释 ^{zhùshì}　Notes

1. 中国人的名字 ^{Zhōngguórén de míngzi}

Chinese names

中国人的名字一般是由两个或三个汉字组成，第一个汉字为姓，后面的汉字为名。也有少数人的名字是由四个汉字组成，前两个汉字为姓。中国人在被问姓名时，常常先说自己的姓，再说自己的名。

Chinese names are generally composed of two or three Chinese characters, the first Chinese character is the surname, and the following characters are given names. A few people's full names are composed of four Chinese characters, the first two Chinese characters are the surnames. When Chinese people are asked for their names, they often say their own surnames firstly and then their given names.

中国人的姓到底有多少种，没有一个确切的说法。有一本专门记录中国姓氏的书籍，叫作《百家姓》，此书共收集姓氏568个。它是一本启蒙教材，其内容来源于姓氏的发展。

How many surnames are there in China? Nobody can count. There is a book named *Hundred Family Names* that records Chinese surnames. It collects 568 surnames. This book is an enlightenment book and its content comes from the development of surnames.

2. 汉语拼音的声调标注规律 ^{Hànyǔ pīnyīn de shēngdiào biāozhù guīlǜ}

Rules of marking tones

汉语拼音的声调标注规律，简单来说，就是声调符号标注

zài yùnmǔ shàng　ànzhào yùnmǔ zhōng de　ɑ o e i u ü　de shùnxù lái juédìng　Jùtǐ
在韵母上，按照韵母中的"ɑ o e i u ü"的顺序来决定。具体

lái shuō　jiùshì dāng yùnmǔ zhōng chūxiàn　ɑ o e i u ü　zhōng rènhé yí gè huò duō gè shí
来说，就是当韵母中出现"ɑ o e i u ü"中任何一个或多个时，

shēngdiào fúhào biāozhù zài páixù kàoqián de zìmǔ shàng　Lìrú　dà jiā de dà biāozhù
声调符号标注在排序靠前的字母上。例如"大家"的"大"标注

zài ɑ shàng　yīnwéi yùnmǔ zhǐyǒu ɑ ér jiā biāozhù zài ɑ shàng shì
在"ɑ"上，因为韵母只有"ɑ"，而"家"标注在"ɑ"上，是

yīnwéi yùnmǔ zhōng yǒu i hé ɑ zài yǐshàng biāozhù shùnxù zhōng ɑ zài i zhīqián
因为韵母中有"i"和"ɑ"，在以上标注顺序中"ɑ"在"i"之前。

The rule is that every character's tone is marked above its final following this alphabetical order "ɑ o e i u ü". Specifically it means when there is one or more letters of this alphabetical order included in its final at the same time, the tone mark should be above the letter which is more advanced. For example, "dà jiā", "dà", its final is "ɑ", so the tone mark is above "ɑ", "jiā", "i" and "ɑ" are both in the alphabetical order "ɑ o e i u ü", we put the mark above "ɑ", because "ɑ" is advanced than "i".

fāyīn 发音　Pronunciation

zìmǔ biǎo 字母表 Alphabet	shēngmǔ 声母 Initials	b p m f d t n l
		g k h j q x
		zh ch sh r z c s y w
	yùnmǔ 韵母 Finals	dān yùnmǔ 单韵母 Simple finals
		ɑ o e i u ü
		fù yùnmǔ 复韵母 Compound finals
		ɑi ei ui ɑo ou iu ie üe er
		ɑn en in un ün ɑng eng ing ong

续表

zìmǔ biǎo 字母表 Alphabet	zhěngtǐ rèndú yīnjié 整体认读音节 The whole syllables	zhi chi shi ri zi ci si yi wu yu ye yue yuan yin yun ying

shì yi shì
试一试 **Have a try**

Zhǎochū yīxià cíyǔ de shēngmǔ hé yùnmǔ
找出以下词语的声母和韵母。
Find the initials and finals of these words.

Hànzì 汉字 Chinese Character	shēngmǔ 声母 Initial	yùnmǔ 韵母 Final	shēngdiào 声调 Tone	pīnyīn 拼音 Pinyin
波	b	o	—	bō
不				bù
米				mǐ
法				fǎ
付				fù
皮				pí

Hànzì
汉字　Chinese character

1. 汉字从笔画开始学，以下是汉字笔画中最基础的六种：

We learn Chinese characters beginning from strokes. The followings are the six basic types of Chinese strokes:

横	竖	撇	捺	点	提
héng	shù	piě	nà	diǎn	tí

shì yi shì
试一试　Have a try

Kànkan shàngmiàn de bǐhuà　xuézhe xiě yi xiě
看看上面的笔画，学着写一写。
Take a look at the above strokes, try to write them.

shūxiě guīlǜ
2. 书写规律

Rules of stroke order

cóngshàng dào xià
（1）从上到下　From top to bottom

cóng zuǒ dào yòu
（2）从左到右　From left to right

xiānhéng hòu shù
（3）先横后竖　Horizontal before vertical

试一试 Have a try
shì yi shì

Kàn lìzì xué yi xué shūxiě guīzé
看例字，学一学书写规则。
Take a look at the example below to learn the rules of writing.

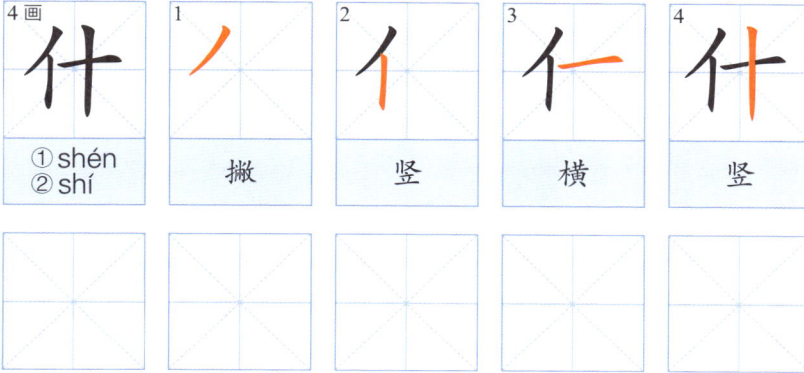

4画 什 ①shén ②shí	1 丿 撇	2 亻 竖	3 仁 横	4 什 竖

Nǐ huì gēnjù shūxiě guīzé shūxiě yǐxià Hànzì ma
你会根据书写规则书写以下汉字吗？
Can you write the following Chinese characters according to the writing rules?

Hànzì 汉字 Chinese character	dì-yī bǐ 第一笔 The first stroke	dì-èr bǐ 第二笔 The second stroke	dì-sān bǐ 第三笔 The third stroke	dì-sì bǐ 第四笔 The fourth stroke	gòng jǐ bǐ 共几笔 Strokes in total
什（shén）	丿	丨	一	丨	4
八（bā）					
十（shí）					
厂（chǎng）					
大（dà）					
文（wén）					

Zhōngguórén de míngzi wǎngwǎng yǒu yídìng de hányì biǎoshì yídìng de yuànwàng Yǒude
中国人的名字往往有一定的含义，表示一定的愿望。有的
míngzi bāohánzhe chūshēng shí de dìdiǎn shíjiān huò zìrán xiànxiàng rú jīng chén dōng
名字包含着出生时的地点、时间或自然现象，如"京、晨、冬、
xuě děng Yǒude biǎoshì xīwàng jùyǒu mǒuzhǒng měidé rú zhōng yì lǐ xìn
雪"等。有的表示希望具有某种美德，如"忠、义、礼、信"
děng Yǒude biǎoshì xīwàng jiànkāng chángshòu xìngfú rú jiàn shòu sōng fú
等。有的表示希望健康、长寿、幸福，如"健、寿、松、福"
děng Nánnǚ de míngzi yě bù yíyàng nánrén de míngzi duō yòng biǎoshì wēiwǔ yǒngměng de zi
等。男女的名字也不一样，男人的名字多用表示威武勇猛的字，
rú hǔ lóng xióng wěi gāng qiáng děng Nǚrén de míngzi chángyòng biǎoshì wēnróu
如"虎、龙、雄、伟、刚、强"等。女人的名字常用表示温柔
měilì de zì rú fèng huā yù cǎi juān jìng děng
美丽的字，如"凤、花、玉、彩、娟、静"等。

The Chinese name often has a certain meaning and expresses a certain desire. Some names include the place, time or natural phenomenon at birth, such as "jīng, (Beijing), chén (morning), dōng (winter), xuě (snow)". Some names indicate that they hope to have some kind of virtue, such as "zhōng (loyalty), yì (righteousness), lǐ (courtesy), xìn (faith)" and so on. Some names indicate that they want health, longevity, and happiness, such as "jiàn (health), shòu (life), sōng (pine), and fú (happiness)." The Chinese characters used in the names of men are not the same as those in the names of women. The name of a man often uses Chinese characters to express the mighty meaning, such as "hǔ (tiger), lóng (dragon), xióng (male), wěi (great), gāng (hard), qiáng (strong)". Women's names often use Chinese characters to express gentle and beautiful meaning, such as "fèng (phoenix), huā (flower), yù (jade), cǎi (colorful), juān (grace), jìng (demure)", and so on.

shì yi shì
试一试 **Have a try**

Yǐxià Zhōngguórén de míngzi zhōng nǎxiē shì nánxìng de míngzi Nǎxiē shì nǚxìng de míngzi
以下中国人的名字中，哪些是男性的名字？哪些是女性的名字？
Which are men's names and women's names in the following names?

xìngmíng 姓名（Names）	Lǐ Xiǎolóng 李小龙	Zhāng Qiáng 张 强	Miáo Cuìhuā 苗翠花	Yú Dàwěi 于大伟
xìng 姓（Surnames）	Lǐ 李			
nánxìng de míngzi 男性的名字（Names of man）	√			
nǚxìng de míngzi 女性的名字（Names of woman）				

Nǐ zhīdào nǎ ge xìng de rénkǒu zuì duō ma
你知道哪个姓的人口最多吗？
Do you know which surname has the most population?

nián yuè rì gēnjù guówùyuàn dì qī cì quánguó rénkǒu pǔchá shùjù tǒngjì
2021 年 5 月 11 日根据国务院第七次全国人口普查数据统计，
mùqián Zhōngguó wàn rénkǒu zhōng zuì duō de qián míng xìngshì jùtǐ rú xià biǎo
目前中国 141178 万人口中最多的前 50 名姓氏具体如下表，
qízhōng qián wǔ xìngzǒng rénkǒu jìn yì qián shí xìngzǒng rénkǒu yuē wéi yì rén
其中前五姓总人口近 4 亿，前十姓总人口约为 5.5 亿人。

On May 11, 2021, according to statistics from the seventh national census of the State Council, at present, the top 50 surnames with the largest population among China's 1.41178 billion people are as follows.Among them, the total population of the top five surnames is nearly 400 million, and the total of the top ten surnames is about 550 million.

01 王	02 李	03 张	04 刘	05 陈	06 杨	07 赵	08 黄	09 周	10 吴
11 徐	12 孙	13 胡	14 朱	15 高	16 林	17 何	18 郭	19 马	20 罗
21 梁	22 宋	23 郑	24 谢	25 韩	26 唐	27 冯	28 于	29 董	30 萧
31 程	32 曹	33 袁	34 邓	35 许	36 傅	37 沈	38 曾	39 彭	40 吕
41 苏	42 卢	43 蒋	44 蔡	45 贾	46 丁	47 魏	48 薛	49 叶	50 阎

Dì – sān kè　　Nǐ shì nǎ guó rén

第三课　你是哪国人

Lesson Three　Which country are you from

xuéxí mùbiāo
学习目标
Objective

Xuéxí xúnwèn duìfāng de guójiā
1. 学习询问对方的国家。
Learn how to ask someone's country.

Liǎojiě Zhōngguó de xíngzhèng qūhuà
2. 了解中国的行政区划。
To know administrative divisions in China.

024

rèshēn 热身 Warm up

Kànkan xiàmian de guóqí cāi yi cāi zhèxiē guójiā duìyìng de Hànyǔ shì shénme
看看下面的国旗，猜一猜，这些国家对应的汉语是什么？
Look at the map below, guess what are these countries names in Chinese?

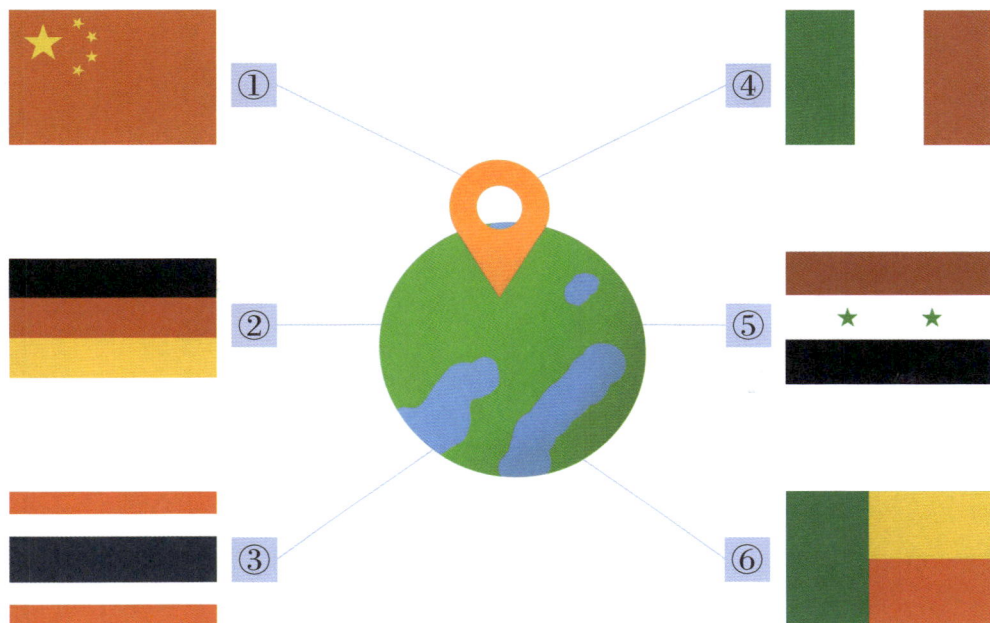

① ④

② ⑤

③ ⑥

Yìdàlì 意大利	Zhōngguó 中国	Tàiguó 泰国	Bèiníng 贝宁	Déguó 德国	Xùlìyà 叙利亚

xiǎng yi xiǎng 想一想 Think about it

Nǐ zhīdào nǐ de guójiā míng yòng Hànyǔ zěnme shuō ma
你知道你的国家名用汉语怎么说吗？
Do you know how to speak your country's name in Chinese language?

对话 Dialogue

shēngcí
生词 New words

是	shì	*v.*	be
哪	nǎ	*pron.*	which
国	guó	*n.*	county
人	rén	*n.*	people
吗	ma	*particle*	—
不	bù	*adv.*	no
这	zhè	*pron.*	this
朋友	péngyou	*n.*	friend
也	yě	*pron.*	also

1

Nǐ hǎo　　nǐ shì nǎ guó rén
A：你好，你是哪国人？
Hello, which country are you from?

Nǐ hǎo　　Wǒ shì　Yìdàlìrén　　　Nǐ ne
B：你好！我是意大利人。你呢？
Hello! I am from Italy. And you?

Wǒ shì　Tàiguórén
A：我是泰国人。
I am from Thailand.

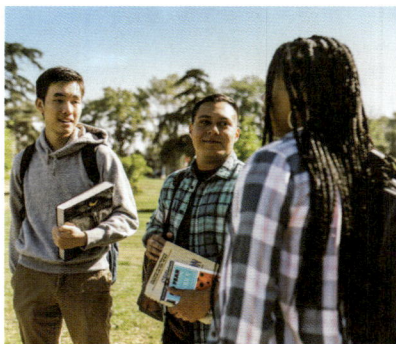

Tāmen shì nǎ guó rén
他们是哪国人？
Which countries are they from?

2

Nǐ hǎo   nǐ shì Zhōngguórén ma
A: 你好，你是中国人吗？
Hello, are you from China?

Wǒ búshì Zhōngguórén   wǒ shì Tàiguórén
B: 我不是中国人，我是泰国人。
I am not from China, I am from Thailand.

Nǐ fāxiàn   bù   de shēngdiào yǒu shénme biànhuà ma
你发现"不"的声调有什么变化吗？
Could you find any change about the tone of "不"？

3

Nǐ hǎo   wǒ jiào Dàwèi   wǒ shì   Xùlìyàrén
A: 你好，我叫大卫，我是叙利亚人。
Zhè shì wǒ péngyou   tā jiào Lǐ Xiǎomíng   tā shì Zhōngguórén
这是我朋友，他叫李小明，他是中国人。

Hello, I am David, I am from Syria.

This is my friend, he is Li Xiaoming, he's from China.

Nǐ hǎo   wǒ jiào Mǎlì   wǒ shì Bèiníngrén
B: 你好，我叫玛丽，我是贝宁人。
Zhè shì wǒ péngyou   tā jiào Àilì   tā yě shì Bèiníngrén
这是我朋友，他叫艾力，他也是贝宁人。
Hello, I am Mary, I am from Benin.

This is my friend, he is Ali, he's from Benin too.

Nǐ zhīdào yòng Hànyǔ zěnme jièshào nǐ de péngyou ma
你知道用汉语怎么介绍你的朋友吗？
How to introduce your friend to someone in Chinese？

注释 Notes
zhùshì

1. "不"的变调
bù de biàndiào

Tone change of "不"

"不"的本调是第四声，它在单独使用或用在非第四声字前
Bù de běndiào shì dì-sì shēng tā zài dāndú shǐyòng huò yòng zài fēi dì-sì shēng zì qián

时，仍读第四声。例如：不、不高、不知道、不同、不习惯、不
shí réng dú dì-sì shēng Lìrú bù bù gāo bù zhīdào bù tóng bù xíguàn bù

少、不好。
shǎo bù hǎo

在下面情况下，"不"会发生变调现象：
Zài xiàmiàn qíngkuàng xià bù huì fāshēng biàndiào xiànxiàng

（1）在第四声字前念第二声。例如：不要、不认识。
Zài dì-sì shēng zì qián niàn dì-èr shēng Lìrú bú yào bú rènshi

（2）用在动补结构的词语中间或相同词语中间及用在词句
Yòng zài dòngbǔ jiégòu de cíyǔ zhōngjiān huò xiāngtóng cíyǔ zhōngjiān jí yòng zài cíjù

末尾念轻声。例如：起不来、用不着、能不能、贵不贵、是不、
mòwěi niàn qīngshēng Lìrú qǐ bu lái yòng bu zháo néng bu néng guì bu guì shì bu

行不。
xíng bu

简单来说，如下图所示：
Jiǎndān lái shuō rú xiàtú suǒshì

		单独使用 *dāndú shǐyòng* used alone	不 *bù*
不 *bù*	在第一、二、三声字前 *zài dì-yī èr sān shēng zì qián* the character after "不" is the 1st \2nd\3rd tone		不高 不知道 *bù gāo bù zhīdào*
			不同 不习惯 *bù tóng bù xíguàn*
			不少 不好 *bù shǎo bù hǎo*
不 *bú*	在第四声字前 *zài dì-sì shēng zì qián* the character after "不" is the 4th tone		不要 不认识 *bú yào bú rènshi*

续表

bu 不	zài dòngbǔ jiégòu de cíyǔ zhōngjiān 在动补结构的词语中间 in the middle of dynamic complement structure	qǐ bu lái 起不来	shuō bu dìng 说不定
	zài xiāngtóng cíyǔ zhōngjiān 在相同词语中间 in the middle of the same words	néng bu néng 能不能	guì bu guì 贵不贵
	zài cíjù mòwěi 在词句末尾 in the end of the word and sentence	shì bu 是不	xíng bu 行不

The original tone of " 不 "is the fourth tone, it keeps the fourth tone when it is used alone or before the character with the first\second\third tone.

eg. 不、不高、不知道、不同、不习惯、不少、不好。
　　bù　bù gāo　bù zhīdào　bù tóng　bù xíguàn　bù shǎo　bù hǎo

Its tone will change in the following situations:

(1) The character after "不" is the fourth tone, the tone of "不" changes to the second tone.

eg. 不要、不认识。
　　bú yào　bú rènshi

(2) When "不" is in the middle of Dynamic Complement Structure or the same words or in the end of the word and sentence, it changes to the light tone.

eg. 起不来、用不着、能不能、贵不贵、是不、行不。
　　qǐ bu lái　yòng bu zháo　néng bu néng　guì bu guì　shì bu　xíng bu

2. "吗"字疑问句
ma　zì yíwèn jù

Question sentence of "吗"

"吗"是一个语气助词，常用于一般疑问句的末尾。
Ma　shì yígè　yǔqì zhùcí　cháng yòngyú yìbān yíwèn jù de mòwěi

"吗"字疑问句的肯定形式和否定形式取决于句子中的动词，
Ma　zì yíwèn jù de kěndìng xíngshì hé fǒudìng xíngshì qǔjué yú jùzi zhōng de dòngcí

对该动词进行肯定形式或否定形式的转换即可。例如：
duì gāi dòngcí jìnxíng kěndìng xíngshì huò fǒudìng xíngshì de zhuǎnhuàn jíkě　Lìrú

Nǐ shì Zhōngguórén ma 你是中国人吗? Are you from China?	Wǒ shì Zhōngguórén 我是中国人。 I am from China. Wǒ búshì Zhōngguórén 我不是中国人。 I am not from China.
Tā jiào Dàwèi ma 他叫大卫吗? Is he David?	Tā jiào Dàwèi 他叫大卫。 He is David. Tā bú jiào Dàwèi 他不叫大卫。 He is not David.

Yǐshàng lìjù zhōng dòngcí shì xiāng duìyīng de kěndìng huò fǒudìng xíngshì wéi shì
以上例句中,动词"是"相对应的肯定或否定形式为"是"
huò bú shì dòngcí jiào xiāng duì yīng de kěn dìng huò fǒu dìng xíngshì wéi jiào huò
或"不是",动词"叫"相对应的肯定或否定形式为"叫"或
bú jiào
"不叫"。

"吗" is a modal particle that is often used at the end of a general question. The positive and negative forms of "吗" question depend on the verb in the sentence. Just complete the conversion of the verb in the positive form or the negative form.

Nǐ shì Zhōngguórén ma   Wǒ shì Zhōngguórén   Wǒ búshì Zhōngguórén
eg. 你是中国人吗? —— 我是中国人。/ 我不是中国人。

Here verb is "是", the positive form is "是" and the negative form is "不是".

Tā jiào Dàwèi ma   Tā jiào Dàwèi   Tā bú jiào Dàwèi
eg. 他叫大卫吗? —— 他叫大卫。/ 他不叫大卫。

Here verb is "叫", the positive form is "叫" and the negative form is "不叫".

fāyīn 发音 Pronunciation

zìmǔ biǎo 字母表 Alphabet	shēngmǔ 声母 Initials	b p m f d t n l g k h j q x zh ch sh r z c s y w

续表

zìmǔ biǎo 字母表 Alphabet	yùnmǔ 韵母 Finals	dān yùnmǔ 单韵母 Simple finals
		a　o　e　i　u　ü
		fù yùnmǔ 复韵母 Compound finals
		ai　ei　ui　ao　ou　iu　ie　üe　er
		an　en　in　un　ün　ang　eng　ing　ong
	zhěngtǐ rèndú yīnjié 整体认读音节 The whole syllables	zhi　chi　shi　ri　zi　ci　si
		yi　wu　yu　ye　yue　yuan　yin　yun　ying

shì yi shì
试一试 Have a try

Zhǎodào yǐxià　cíyǔ　de shēngmǔ hé yùnmǔ
找到以下词语的声母和韵母。
Find the initials and finals of these words.

Hànzì 汉字 Chinese character	shēngmǔ 声母 Initial	yùnmǔ 韵母 Final	shēngdiào 声调 Tone	pīnyīn 拼音 Pinyin
带	d	ai		dài
累				lèi
奶				nǎi
推				tuī
来				lái
女				nǚ
太				tài
对				duì

Hànzì 汉字 Chinese character

Hànzì cóng bǐhuà kāishǐ xué yǐxià shì Hànzì bǐ huà zhōng yǐ héng kāitóu de bǐhuà

1. 汉字从笔画开始学，以下是汉字笔画中以横开头的笔画：

We learn Chinese characters beginning from strokes. The followings are strokes with Horizontal opening:

横撇	横钩	横折	横折钩	横折提	横折弯	横折弯钩	横撇弯钩	横折折撇	横折折钩
héng piě	héng gōu	héng zhé	héng zhé gōu	héng zhé tí	héng zhé wān	héng zhé wān gōu	héng piě wān gōu	héng zhé zhé piě	héng zhé zhé gōu

shì yi shì
试一试 Have a try

Kànkan shàngmiàn de bǐhuà xuézhe xiě yi xě
看看上面的笔画，学着写一写。
Take a look at the above strokes, try to write them.

shūxiě guīlǜ
2. 书写规律

Rules of stroke order

Xiān wài hòu lǐ
（1）先外后里 Outside first, then inside

Xiān wài hòu lǐ zài fēngkǒu
（2）先外后里再封口 Outside first, then inside, finally seal it

试一试 Have a try
shì yi shì

Kàn lìzì xué yi xué shūxiě guīzé
看例字，学一学书写规则。
Take a look at the example below to learn the rules of writing.

8画 国	1 丨	2 冂	3 冂	4 同	5 用	6 国	7 国	8 国
guó	竖	横折	横	横	竖	横	点	横

试一试 Have a try
shì yi shì

Nǐ huì gēnjù shūxiě guīzé shūxiě yǐxià Hànzì ma
你会根据书写规则书写以下汉字吗？
Can you write the following Chinese characters according to the writing rules?

Hànzì 汉字 Chinese character	dì-yī bǐ 第一笔 The first stroke	dì-èr bǐ 第二笔 The second stroke	dì-sān bǐ 第三笔 The third stroke	dì-sì bǐ 第四笔 The fourth stroke	gòng jǐ bǐ 共几笔 Strokes in total
乃（nǎi）	乃	丿			2
月（yuè）					
九（jiǔ）					
口（kǒu）					
计（jì）					

wénhuà
文化 Culture

Zhōngguó dìlǐ
1. 中国地理

Chinese geography

Zhōngguó wèiyú shìjiè de dōngfāng zài běibànqiú dōng bā qū shǔyú yàzhōu guójiā
中国位于世界的东方，在北半球东八区，属于亚洲国家。
Zhōngguó lùdì miànjī 960 wàn píngfāng gōnglǐ lǐnghǎi yuē 470 wàn píngfāng gōnglǐ shìjiè
中国陆地面积960万平方公里，领海约470万平方公里，世界
guótǔ miànjī páimíng dì-sān Zhōngguó dìshì xī gāo dōng dī shuǐliú zì xī wǎng dōng liú
国土面积排名第三。中国地势西高东低，水流自西往东流。
Dōngbiān de hǎiyù shì Tàipíngyáng xībiān shì gāoyuán ❶
东边的海域是太平洋，西边是高原。

China is located in the east of the world, in the eastern eighth district of the northern hemisphere, and belongs to Asian countries. China has a land area of 9.6 million square kilometers, a territorial sea of about 4.7 million square kilometers, and ranked third in the world's land area. China's terrain is high in the west and low in the east, with water flowing from west to east. The sea in the east is the Pacific Ocean and the west is the plateau.

Zhōngguó de xíngzhèng qūhuà ❷
2. 中国的行政区划

Administrative divisions in China

Zhōngguó xiànfǎ guīdìng Zhōnghuá Rénmín Gònghéguó de xíngzhèng qūyù huàfēn rúxià
中国宪法规定，中华人民共和国的行政区域划分如下：
quánguó fēnwéi shěng zìzhìqū zhíxiáshì
（1）全国分为省、自治区、直辖市；
shěng zìzhìqū fēnwéi shì zìzhìzhōu xiàn zìzhìxiàn
（2）省、自治区分为市、自治州、县、自治县；
xiàn zìzhìxiàn fēnwéi xiāng mínzúxiāng zhèn
（3）县、自治县分为乡、民族乡、镇。
Zhíxiáshì hé jiàodà de shì fēnwéi qū xiàn Zìzhìzhōu fēnwéi shì xiàn zìzhìxiàn
直辖市和较大的市分为区、县。自治州分为市、县、自治县。

❶ 参考来源：中华人民共和国自然资源部官网.
❷ 参考来源：中华人民共和国中央人民政府官网.

Zìzhìqū　　zìzhìzhōu　　zìzhìxiàn dōushì mínzú zìzhì dìfang　Guójiā zài bìyào shí xū
自治区、自治州、自治县都是民族自治地方。国家在必要时需

shèlì tèbiéxíngzhèngqū
设立特别行政区。

Zài tèbiéxíngzhèngqū nèi shíxíng de zhìdù ànzhào jùtǐ qíngkuàng yóu quánguórénmíndàibiǎodàhuì
在特别行政区内实行的制度按照具体情况由全国人民代表大会

yǐ fǎlǜ guīdìng
以法律规定。

Mùqián Zhōngguó yǒu 34 gè shěngjí xíngzhèngqū　bāokuò 23 gè shěng 5 gè zìzhìqū
目前中国有34个省级行政区，包括23个省、5个自治区、

4 gè zhíxiáshì 2 gè tèbiéxíngzhèngqū　Jùtǐ rúxià
4个直辖市、2个特别行政区。具体如下：

shěng jí xíng zhèng qū 省级行政区	23 gè shěng 23个省	Héběi 河北	Shānxī 山西	Liáoníng 辽宁	Jílín 吉林	Hēilóngjiāng 黑龙江
		Jiāngsū 江苏	Zhèjiāng 浙江	Fújiàn 福建	Ānhuī 安徽	Jiāngxī 江西
		Shāndōng 山东	Hénán 河南	Húběi 湖北	Húnán 湖南	Guǎngdōng 广东
		Hǎinán 海南	Sìchuān 四川	Guìzhōu 贵州	Yúnnán 云南	Qīnghǎi 青海
		Shǎnxī 陕西	Gānsù 甘肃	Táiwān 台湾		
	5 gè zìzhìqū 5个自治区	Nèiménggǔ 内蒙古	Guǎngxī 广西	Níngxià 宁夏	Xīnjiāng 新疆	Xīzàng 西藏
	4 gè zhíxiáshì 4个直辖市	Běijīng 北京	Tiānjīn 天津	Shànghǎi 上海	Chóngqìng 重庆	
	2 gè tèbiéxíngzhèngqū 2个特别行政区	Xiānggǎng 香港	Aòmén 澳门			

According to the Chinese constitution, the administrative division of the People's Republic of China is as follows:

(1) The whole country is divided into provinces, autonomous regions and municipalities directly under the central government;

(2) The provinces and autonomous regions are divided into cities, autonomous prefectures, counties, and autonomous counties;

(3) Counties and autonomous counties are divided into townships, ethnic townships, and towns.

Municipalities and larger cities are divided into districts and counties. Autonomous prefectures are divided into cities, counties, and autonomous counties. Autonomous regions, autonomous prefectures and autonomous counties are all ethnic autonomous areas. The State may establish a special administrative region when necessary. The system implemented in the special administrative region shall be prescribed by law by the National People's Congress in accordance with the specific circumstances.

At present, the People's Republic of China has 34 provincial-level administrative regions, including 23 provinces, 5 autonomous regions, 4 municipalities, and 2 special administrative regions.

试一试 shì yi shì Have a try

Nǐ zhīdào nǐ xiànzài suǒzài xuéxiào de dìzhǐ ma
你知道你现在所在学校的地址吗?
Do you know the address of the school which you are studying now?

xuéxiào de dìzhǐ   shěng   shì   qū
学校的地址: ＿＿＿＿＿省＿＿＿＿＿市＿＿＿＿＿区
                          jiēdào   hào
＿＿＿＿＿街道＿＿＿＿＿号

第四课　这是我们的学校

Lesson Four　This is our school

学习目标
Objective

Xuéxí jièshào chùsuǒ
1. 学习介绍处所。
Learn to introduce places.

Liǎojiě Zhōngguó jiàoyù
2. 了解中国教育。
Learn the knowledge of Chinese education.

Kànkan xiàmian de túpiàn　　cāi yi cāi　　zhè xiē chùsuǒ duìyìng de Hànyǔ shì shénme
看看下面的图片，猜一猜，这些处所对应的汉语是什么？
Look at the pictures below, guess how to say these places in Chinese?

①

②

③

④

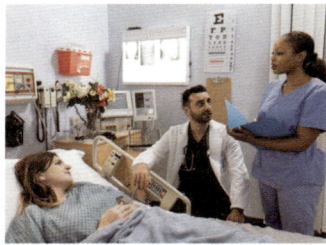
⑤

⑥

yínháng 银行	sùshè 宿舍	chāoshì 超市	shítáng 食堂	cāochǎng 操场	yīyuàn 医院

xiǎng yi xiǎng
想一想　　**Think about it**

Nǐ zuìjìn qù guò nǎxiē dìfang　　Nǐ zhīdào yòng Hànyǔ zěnme shuō zhèxiē dìfang ma
你最近去过哪些地方？你知道用汉语怎么说这些地方吗？
Where have you been recently? Do you know how to say these places in Chinese?

📍1. _____ 📍2. _____ 📍3. _____

对话 ^{duìhuà} Dialogue

📍 生词 ^{shēngcí} New words

的	de	*part.*	—
书	shū	*n.*	book
是的	shìde	*adv.*	yes
谢谢	xièxie	*v.*	thanks
不用谢	búyòngxiè	—	you're welcome
看	kàn	*v.*	look
我们	wǒmen	*pron.*	we
学校	xuéxiào	*n.*	school
那	nà	*pron.*	that, those
和	hé	*conj.*	and
谁	shéi/shuí	*pron.*	who
老师	lǎoshī	*n.*	teacher

1

A: 你好！ 这是你的书吗？
^{Nǐ hǎo Zhè shì nǐ de shū ma}
Hello! Is this your book?

B: 是的，谢谢！
^{Shì de xièxie}
Yes, thank you!

A: 不用谢！
^{Búyòngxiè}
You are welcome.

Zěnme huídá biérén de xièxie
怎么回答别人的"谢谢"？
How to response "thank you"?

2

Kàn zhèshì wǒmen de xuéxiào
看，这是我们的学校。
Look, this is our school.

Nà shì wǒmen de shítáng sùshè hé cāochǎng
那是我们的食堂、宿舍和操场。
Those are our canteen, dormitory and playground.

Nǐ zhīdào yòng Hànyǔ zěnme jièshào nǐ de xuéxiào ma
你知道用汉语怎么介绍你的学校吗？
Do you know how to introduce your school in Chinese?

3

Tā shì shéi
A：她是谁？
Who is she?

Tā shì wǒ de lǎoshī Wáng lǎoshī
B：她是我的老师，王老师。
She's my teacher, Miss Wang.

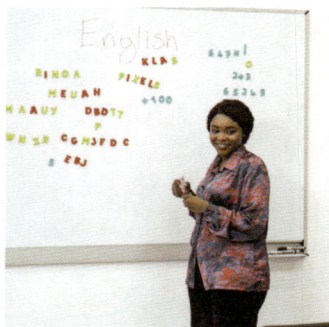

Nǐ zhīdào zěnme dàizhe xìng chēnghū nǐ de lǎoshī ma
你知道怎么带着姓称呼你的老师吗？
Do you know how to call your teacher with his/her family name?

注释 Notes

1. "的"字定语
de zì dìngyǔ

Attribute of "的"

De zì yòng zài rénchēng dàicí zhīhòu biǎoshì lǐngshǔ guānxì. Lìrú:
"的"字用在人称代词之后，表示领属关系。例如：

人称代词 Personal pronoun	的 de	中心语 Central word
nǐ 你		*shū* 书
wǒmen 我们	的 de	*xuéxiào* 学校
shéi 谁		*lǎo shī* 老师

Qízhōng rúguǒ zhōngxīn yǔ shì guójiā jítuán jīguān qīnshǔ de míngchēng yǒushíhòu
其中如果中心语是国家、集团、机关、亲属的名称，有时候
yě kěyǐ bù jiā de lìrú wǒmen guójiā nǐmen gōngsī tā bàba
也可以不加"的"，例如：我们国家、你们公司、她爸爸。

"的" in the texts means affiliation. It's often used after pron and before noun. If the central word is the name of a country, a group, an institution, or a relative, sometimes it may not be added, for example, "我们国家"、"你们公司"、"她爸爸".

2. 一般疑问句"是……吗"
yìbān yíwènjù shì ma

Yes or No question of "是……吗"

Hànyǔ zhōng dāng huídá shì ma yìbān yíwènjù de shíhou kěndìng huídá
汉语中当回答"是……吗"一般疑问句的时候，肯定回答
kěyǐ yòng shì huò shì de fǒudìng huídá yòng búshì. Lìrú:
可以用"是"或"是的"，否定回答用"不是"。例如：

Nǐ shì lǎoshī ma 你是老师吗？ Are you a teacher?	Shì Shì de 是 / 是的。 Yes.
	Bú shì 不是。 No.
Nǐ shì Lǐ Xiǎolóng ma 你是李小龙吗？ Are you Bruce Lee?	Shì Shì de 是 / 是的。 Yes.
	Bú shì 不是。 No.

When we answer the yes or no question of "是 …… 吗" in Chinese, affirmative answer is "是" or "是的", negative answer is "不是".

fāyīn 发音 Pronunciation

zìmǔ biǎo 字母表 Alphabet	shēngmǔ 声母 Initials	b p m f d t n l g k h j q x zh ch sh r z c s y w
	yùnmǔ 韵母 Finals	dān yùnmǔ 单韵母 Simple finals a o e i u ü fù yùnmǔ 复韵母 Compound finals ai ei ui ao ou iu ie üe er an en in un ün ang eng ing ong
	zhěngtǐ rèndú yīnjié 整体认读音节 The whole syllables	zhi chi shi ri zi ci si yi wu yu ye yue yuan yin yun ying

shì yi shì
试一试 **Have a try**

Zhǎochū yīxià cíyǔ de shēngmǔ hé yùnmǔ
找出以下词语的声母和韵母。
Find the initials and finals of these words.

Hànzì 汉字 Chinese character	shēngmǔ 声母 Initial	yùnmǔ 韵母 Final	shēngdiào 声调 Tone	pīnyīn 拼音 Pinyin
古	g	u	ˇ	gǔ
哭				kū
虎				hǔ
高				gāo
考				kǎo
号				hào
狗				gǒu
口				kǒu
吼				hǒu

Hànzì 汉字 Chinese character

Hànzì cóng bǐhuà kāishǐ xué   yǐxià shì Hànzì bǐhuà zhōng yǐ shù kāitóu de bǐhuà

1. 汉字从笔画开始学，以下是汉字笔画中以竖开头的笔画：

We learn Chinese characters beginning from strokes. The followings are strokes with Vertical opening:

竖折	竖折撇	竖弯	竖提	竖钩	竖折折钩	竖弯钩
shù zhé	shù zhé piě	shù wān	shù tí	shù gōu	shù zhé zhé gōu	shù wān gōu

shì yi shì
试一试 Have a try

Kànkan shàngmian de bǐhuà   xuézhe xiě yi xiě
看看上面的笔画，学着写一写。
Take a look at the above strokes, try to write them.

shūxiě guīlù
2. 书写规律

Rules of stroke order

Xiān zhōngjiān hòu liǎngbiān
先中间后两边 Middle first then two side

shì yi shì
试一试 Have a try

Kàn lìzì   xué yi xué shūxiě guīzé
看例字，学一学书写规则。
Take a look at the example below to learn the rules of writing.

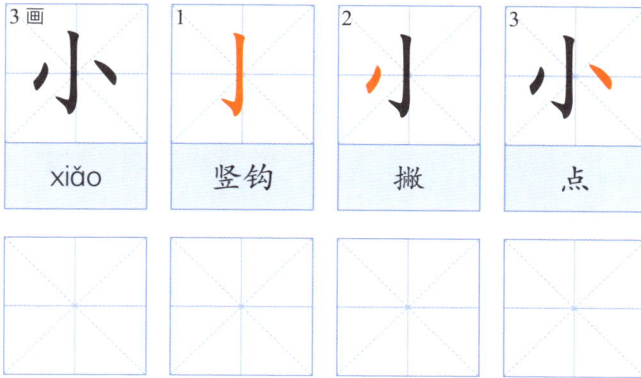

3画 小	1 亅	2 亅	3 小
xiǎo	竖钩	撇	点

试一试 Have a try

Nǐ huì gēnjù shūxiě guīzé shūxiě yǐxià Hànzì ma
你会根据书写规则书写以下汉字吗？
Can you write the following Chinese characters according to the writing rules?

Hànzì 汉字 Chinese characters	dì-yī bǐ 第一笔 The first stroke	dì-èr bǐ 第二笔 The second stroke	dì-sān bǐ 第三笔 The third stroke	dì-sì bǐ 第四笔 The fourth stroke	gòng jǐ bǐ 共几笔 Strokes in total
小（xiǎo）	亅	丿	、		3
水（shuǐ）					
山（shān）					
木（mù）					
办（bàn）					

文化 Culture

中国的学校教育分类
China's education classification

中国的学校教育目前分为五类：学前教育、初等教育、中等教育、高等教育和其他教育。中国义务教育法规定，国家实行九年义务教育制度。

① 学前教育 Preschool education	幼儿园 Kindergarten	3 年 3 years
② 初等教育 Elementary education	小学 Primary school	6 年 6 years
③ 中等教育 Secondary education	初中 Junior high school	3 年 3 years
	高中 High school	3 年 3 years
④ 高等教育 Higher education	大专 College degree	3 年 3 years
	本科 Undergraduate degree	4 年 4 years
	研究生 Postgraduate degree	3 年 3 years
	博士 Doctor degree	≥ 2 年 ≥ 2 years
⑤ 其他教育 Other education	特殊教育、继续教育 Special Education, Continuing Education	不同时长 Different duration

School education in China is currently divided into five categories: preschool education, elementary education, secondary education, higher education and other education. Compulsory Education Law of the People's Republic of China stipulates that the state implements a nine-year compulsory education system.

想一想 Think about it

1. 你知道你现在所在学校的名称吗？

   Do you know the name of the school which you are studying now?

2. 你知道九年义务教育是哪九年吗？

   Do you know which nine years of compulsory education are?

第五课　　你是不是留学生

Nǐ shì bu shì liúxuéshēng

Lesson Five　Are you an international student

学习目标
Objective

Xuéxí zhèng fǎn yíwèn jù
1. 学习 正反疑问句。
   Learn positive and negative questions.

Liǎojiě Hànyǔ ér huàyīn
2. 了解汉语儿化音。
   Learn to know knowledge of Erhua.

热身 rèshēn Warm up

给下面的汉语选择对应的图片。
Gěi xiàmian de Hànyǔ xuǎnzé duìyìng de túpiàn

Choose the corresponding picture for the Chinese language below.

①

②

③

④

⑤

⑥

xuéshēng	xuéxí	tīng	Hànzì	xiě	shuō
学生	学习	听	汉字	写	说

❓ 想一想 xiǎng yi xiǎng Think about it

中国人怎么称呼不同年级的学生呢？
Zhōngguórén zěnme chēnghū bùtóng niánjí de xuéshēng ne

How do Chinese call students of different grades?

对话 duìhuà Dialogue

生词 shēngcí New words

留学生	liúxuéshēng	—	international student
新加坡	Xīnjiāpō	n.	Singapore
去	qù	v.	go
哪儿	nǎr	pron.	where
一起	yìqǐ	adv.	together
吧	ba	part.	—
啊	a	part.	—
说	shuō	v.	speak
汉语	Hànyǔ	n.	Chinese
学习	xuéxí	v.	study
英语	Yīngyǔ	n.	English

1

Nǐ hǎo   nǐ shì bu shì liúxuéshēng
A: 你好，你是不是留学生？
Hey! Are you an international student?

Nǐ hǎo   Wǒ shì liúxuéshēng   Nǐ ne
B: 你好！我是留学生。你呢？
Yes, I am a student from Italy. And you?

Wǒ yě shì liúxuéshēng   Wǒ shì Xīnjiāpō liúxuéshēng
A: 我也是留学生。我是新加坡留学生。
Me too. I am a student from Singapore.

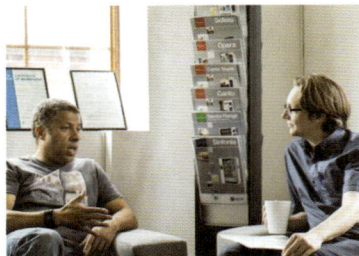

他们是哪国留学生？ *Tāmen shì nǎ guó liúxuéshēng*
Which countries are the students from?

2

A：你去哪儿？ *Nǐ qù nǎr*
Where are you going?

B：我去超市。你呢？ *Wǒ qù chāoshì Nǐ ne*
I am going to supermarket. And you?

A：我也去超市，一起去吧。 *Wǒ yě qù chāoshì yìqǐ qù ba*
Me too, let's go together.

B：好啊。 *Hǎo a*
Okay.

你知道怎么用汉语表达同意的意思吗？ *Nǐ zhīdào zěnme yòng Hànyǔ biǎodá tóngyì de yìsi ma*
Do you know how to express consent in Chinese?

3

我是中国人，我说汉语。我学习英语。 *Wǒ shì Zhōngguórén wǒ shuō Hànyǔ Wǒ xuéxí Yīngyǔ*
I'm Chinese, I speak Chinese. I study English.

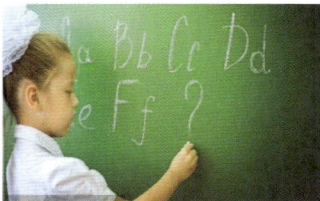

她是英国人，她说英语。她学习汉语。 *Tā shì Yīngguórén tā shuō Yīngyǔ Tā xuéxí Hànyǔ*
She is British, she speaks English. she studies Chinese.

你呢？你是哪国留学生？说什么语言？ *Nǐ ne Nǐ shì nǎ guó liúxuéshēng Shuō shénme yǔyán*
Which country are you from? What language do you speak?

zhùshì 注释　Notes

1. Hànyǔ zhèngfǎn yíwèn jù
1. 汉语正反疑问句

Positive and Negative Questions in Chinese

Zhèngfǎn yíwèn jù de tèdiǎn shì chóngfù jùzi zhōng de dòngcí huò xíngróngcí bìngqiě jùmò
正反疑问句的特点是重复句子中的动词或形容词，并且句末
bù shǐyòng ma kěyǐ shǐyòng qítā yǔqì zhùcí bǐrú ne huòzhě a děng
不使用"吗"，可以使用其他语气助词，比如"呢"或者"啊"等。
Jí dòngcí bu dòngcí ne a huò xíngróngcí bu xíngróngcí ne a
即：动词＋不＋动词（＋呢/啊）或形容词＋不＋形容词（＋呢/啊）。
Zhè lèi yíwèn jù háiyǒu ge tèdiǎn shì kěyǐ hé ma zì yíwèn jù zhuǎnhuàn Lìrú
这类疑问句还有个特点是可以和"吗"字疑问句转换。例如：

dòng bu dòng 动＋不＋动 (＋ ne 呢 / a 啊)	Nǐ qù bu qù chāoshì 你去不去超市? Are you going to the supermarket?	Nǐ qù chāoshì ma 你去超市吗?
	Nǐ shì bu shì liúxuéshēng ne 你是不是留学生呢? Are you an international student?	Nǐ shì liúxuéshēng ma 你是留学生吗?
xíng bu xíng 形＋不＋形 (＋ ne 呢 / a 啊)	Nǐ lěng bu lěng 你冷不冷? Are you cold?	Nǐ lěng ma 你冷吗?
	Nǐ de shū guì bu guì a 你的书贵不贵啊? Is your book expensive?	Nǐ de shū guì ma 你的书贵吗?

It is characterized by repetition of verbs or adjectives in sentences, and there is no "吗" but "呢" or "啊" which coule be at the end of the question. The form is: v.＋ 不 ＋v.（＋呢/啊）or adj.＋ 不 ＋adj.（＋呢/啊）. Another character for this type of question is that it can be converted to "吗" Question.

2. Hànyǔ érhuà yīn
2. 汉语儿化音

"Erhua" in Chinese Language

Hànyǔ pīnyīn zhōng de érhuà shì Hànyǔ pǔtōnghuà hé mǒu xiē fāngyán zhōng de yì zhǒng yǔyīn
汉语拼音中的儿化是汉语普通话和某些方言中的一种语音

现象，即后缀"儿"字使前一音节韵母成为卷舌韵母。儿化常见
xiànxiàng jí hòuzhuì ér zì shǐ qián yì yīnjié yùnmǔ chéngwéi juǎnshé yùnmǔ　Erhuà chángjiàn

于北方语，在中国南方，人们不常说儿化音。
yú běifāng yǔ zài Zhōngguó nánfāng rénmen bù chángshuō érhuà yīn

课文中的"儿"用在"这、那、哪"三个汉字的后面时，
Kèwén zhōng de ér yòng zài zhè nà nǎ sān gè Hànzì de hòumian shí

发音时要求舌头向内卷入，造成翘舌状，意指"这里、那里、
fāyīn shí yāoqiú shétóu xiàngnèi juǎnrù zàochéng qiàoshé zhuàng yì zhǐ zhèli nàli

哪里"。具体如下：
nǎli Jùtǐ rúxià

这	zhè	这儿	zhèr	here
那	nà	那儿	nàr	there
哪	nǎ	哪儿	nǎr	where

"Erhua" is a kind of Language phenomenon in Chinese language: which is suffixation of a non-syllabic "r" to nouns and sometimes verbs, causing a retroflexion of the preceding vowel, typical of the pronunciation of standard Chinese and of some dialects. It is common in northern languages of China, not very common used in southern part of China.

The character "儿" is usually used after "这 \ 那 \ 哪", which means here/there/where. When we pronounce this, our tongue rolls inward.

3. "一"的变调 ^{yī de biàndiào}

Tone Change of "一"

"一"的原声调是第一声，其变调有三种。
Yī de yuánshēngdiào shì dì-yī shēng qí biàndiào yǒu sān zhǒng

（1）当单独使用、放在词尾或句末、表示顺序或表示"第一"
Dāng dāndú shǐyòng fàng zài cíwěi huò jùmò biǎoshì shùnxù huò biǎoshì dì-yī

的简称的时候，"一"读作原声调，是第一声；
de jiǎnchēng de shíhou yī dúzuò yuánshēngdiào shì dì-yī shēng

（2）当"一"字后的第二个汉字是第四声的时候，"一"读作
Dāng yī zì hòu de dì-èr gè Hànzì shì dì-sì shēng de shíhou yī dúzuò

第二声；
dì-èr shēng

（3）当"一"字后的第二个汉字是第一、二、三声的时候，
`Dāng yī zì hòu de dì-èr gè Hànzì shì dì-yī èr sān shēng de shíhou`

"一"读作第四声；
`yī dúzuò dì-sì shēng`

（4）当"一"字用在单音节重叠动词中间的时候，"一"读作
`Dāng yī zì yòng zài dān yīnjié chóngdié dòngcí zhōngjiān de shíhou yī dúzuò`

轻声。
`qīngshēng`

具体如下：
`Jùtǐ rúxià`

	dāndú shǐyòng 单独使用	yī èr sān 一、二、三
yī 一	cíwěi huò jùmò 词尾或句末	wàn yī bǎilǐ-tiāoyī 万一、百里挑一
	biǎoshì shùnxù 表示顺序	dì-yī míng dì-yī kè 第一名、第一课
	biǎoshì dì de jiǎnchēng 表示"第"的简称	yī bān yī yuè 一班、一月
yí 一	yòng zài dì-sì shēngqián 用在第四声前	yíyàng yíkuài 一样、一块
yì 一	zài dì-yī èr sān shēngqián 在第一、二、三声前	yì tiān yìzhí yìqǐ 一天、一直、一起
yi 一	zài yīnjié chóngdié dòngcí zhōngjiān 在音节重叠动词中间	shuō yi shuō xiě yi xiě 说一说、写一写

The tone of character "一" is the first tone when it is used alone or at the end of a word and a sentence or when it means the first place of a rank or an order. It will change to the second tone when the second character's tone is the fourth tone. It will change to the fourth tone when the second character's tone is the first, second and third tone. And it will change to the light tone when it's used in the middle place of monosyllabic overlapping verb.

4. 声母是 j/q/x 且韵母是 ü/üe/ün 的拼音
`shēngmǔ shì j q x yùnmǔ shì ü üe ün de pīnyīn`

When "j/q/x" as Initial and "ü/üe/ün" as Final

当 声母 j/q/x 之后的韵母是 ü/üe/ün 的时候，ü 就写成了 u，
`Dāng shēngmǔ j q x zhīhòu de yùnmǔ shì ü üe ün de shíhou ü jiù xiěchéng le`

但读音不变，依然读作 ü。具体如下：
`dàn dúyīn búbiàn yīrán dúzuò ü Jùtǐ rúxià`

j	+	ü	=	ju
		üe		jue
		ün		jun
q		ü		qu
		üe		que
		ün		qun
x		ü		xu
		üe		xue
		ün		xun

When the final ü/üe/ün after the initial j/q/x, they are ju/jue/jun, qu/que/qun and xu/xue/xun. The pronunciation is not changed although ü changes into u.

发音 fāyīn Pronunciation

zìmǔ biǎo 字母表 Alphabet	shēngmǔ 声母 Initials	b p m f d t n l g k h j q x zh ch sh r z c s y w
	yùnmǔ 韵母 Finals	dān yùnmǔ 单韵母 Simple finals a o e i u ü fù yùnmǔ 复韵母 Compound finals ai ei ui ao ou iu ie üe er an en in un ün ang eng ing ong
	zhěngtǐ rèndú yīnjié 整体认读音节 The whole syllables	zhi chi shi ri zi ci si yi wu yu ye yue yuan yin yun ying

shì yi shì
试一试 Have a try

Zhǎochū yǐxià cíyǔ de shēngmǔ hé yùnmǔ
找出以下词语的声母和韵母。
Find the initials and finals of these words.

Hànzì 汉字 Chinese character	shēngmǔ 声母 Initial	yùnmǔ 韵母 Final	shēngdiào 声调 Tone	pīnyīn 拼音 Pinyin
九	j	iu	ˇ	jiǔ
学				xué
二				èr
切				qiè
休				xiū
求				qiú
句				jù
写				xiě

汉字 Hànzì | Chinese character

Hànzì cóng bǐhuà kāishǐ xué yǐxià shì Hànzì bǐhuà zhōng jǐlèi jīběn bǐhuà

汉字从笔画开始学，以下是汉字笔画中几类基本笔画：

We learn Chinese characters beginning from strokes. The followings are several strokes kinds of basic:

撇折	斜钩	撇点	弯钩	卧钩
piě zhé	xié gōu	piě diǎn	wān gōu	wò gōu

🍃 试一试 Have a try
shì yi shì

Kànkan shàngmian de bǐhuà xuézhe xiě yi xiě
看看上面的笔画，学着写一写。
Take a look at the above strokes, try to write them.

🍃 试一试 Have a try
shì yi shì

Nǐ huì gēnjù shūxiě guīzé shūxiě yǐxià Hànzì ma
你会根据书写规则书写以下汉字吗？
Can you write the following Chinese characters according to the writing rules?

Hànzì 汉字 Chinese character	dì-yī bǐ 第一笔 The first stroke	dì-èr bǐ 第二笔 The second stroke	dì-sān bǐ 第三笔 The third stroke	dì-sì bǐ 第四笔 The fourth stroke	gòng jǐ bǐ 共几笔 Strokes in total
女 (nǔ)	く	ノ	一		3
公 (gōng)					
心 (xīn)					
戈 (gē)					
计 (jì)					

wénhuà 文化 Culture

Zhōngwài yǔyán jiāoliú hézuò zhōngxīn 中外语言交流合作中心 ❶

CLEC

Zhōngwài yǔyán jiāoliú hézuò zhōngxīn jiǎnchēng Yǔyán hézuò zhōngxīn lìshǔyú Zhōngguó
中外语言交流合作中心（简称语言合作中心），隶属于中国
jiàoyù bù shì fāzhǎn guójì Zhōngwén jiàoyù shìyè de zhuānyè gōngyì jiàoyù jīgòu zhìlì yú
教育部，是发展国际中文教育事业的专业公益教育机构，致力于
wèi shìjiè mínzhòng xuéxí Zhōngwén liǎojiě Zhōngguó tígōng yōuzhì de fúwù wèi zhōngwài yǔyán
为世界民众学习中文、了解中国提供优质的服务，为中外语言
jiāoliú hézuò shìjiè duōyuán wénhuà hùxué hùjiàn dājiàn yǒuhǎo xiézuò de píngtái
交流合作、世界多元文化互学互鉴搭建友好协作的平台。
Yǔyán hézuò zhōngxīn de zhǔyào zhínéng shì
语言合作中心的主要职能是：
Wèi fāzhǎn guójì Zhōngwén jiàoyù yǔ cùjìn zhōngwài yǔyán jiāoliú hézuò tígōng fúwù
（1）为发展国际中文教育与促进中外语言交流合作提供服务，

---

❶ 参考来源：中外语言交流合作中心官网.

统筹建设国际中文教育资源体系，参与制定国际中文教育相关标准并组织实施；

（2）支持国际中文教师、教材、学科等建设和学术研究；

（3）组织实施国际中文教育教师考试，外国人中文水平系列考试，开展相关评估认定；

（4）运行汉语桥、新汉学、奖学金等国际中文教育相关品牌项目；

（5）组织开展中外语言交流合作等。

The Center for Language Education and Cooperation (CLEC) is a non-profit professional educational institution for international Chinese language education, affiliated with the Chinese Ministry of Education (MOE). CLEC is committed to providing quality services for people from all over the world to learn Chinese and understand China. It also intends to build a platform for friendly collaboration on language education and cross-cultural learning.

The main functions of CLEC are:

（1）Providing services for the development of international Chinese language education and language education exchanges and cooperation between China and other countries, coordinating the work on building an international Chinese language education resource system, participating in the formulation and implementation of relevant standards for international Chinese language education;

(2) Supporting the provision of teaching resources, including the training of international Chinese language education teachers, development of textbooks and curricula, and facilitating relevant disciplines and academic research;

(3) Hosting certification tests for teachers and students such as CTCSOL and HSK series, conducting relevant evaluation, accreditation and certification;

(4) Operating international Chinese language education programs such as the "Chinese Bridge" series, China Studies Program, and International Chinese Language Teachers' Scholarship;

(5) Organizing relevant activities of international exchanges and cooperation, and so forth.

shì yi shì 试一试 Have a try

Nǐ zhīdào Zhōngwén Àolínpǐkè jìngsài ma
你知道中文"奥林匹克"竞赛吗?
Do you know the Olympic Games for Chinese?

Cóng xiàmian de túpiàn zhōng zhǎodào zhè gè bǐsài de míngchēng
从下面的图片中找到这个比赛的名称。
Find the name of this competition from the picture below.

第六课　你的手机号码是多少

Lesson Six　What's your cellphone number

xuéxí mùbiāo 学习目标 Objective	
	Xuéxí jīběn shùzì 1. 学习基本数字。 Learn basic numbers.
	Xuéhuì xúnwèn diànhuà hàomǎ 2. 学会询问电话号码。 Learn the way of asking phone numbers.

Gěi xiàmian Hànyǔ xuǎnzé duìyìng de túpiàn
给下面汉语选择对应的图片。
Choose the corresponding picture for the Chinese Language below.

①

②

③

④

⑤

⑥

sān bù shǒujī 三部手机	hàomǎ 号码	wēixìn 微信	dǎ diànhuà 打电话	dǎ yóuxì 打游戏	diànhuà jī 电话机

xiǎng yi xiǎng
想一想　**Think about it**

Nǐ chángchángyòng shǒujī zuò nǎxiē shìqing
你常常用手机做哪些事情？
What do you often do with your cellphone?

对话 Dialogue
duìhuà

生词 New words
shēngcí

请	qǐng	v.	please
问	wèn	v.	ask
手机	shǒujī	n.	cellphone
号码	hàomǎ	n.	number
多少	duōshao	pron.	what, how much; how many

1

A: 请问，你的手机号码是多少？
Qǐngwèn   nǐ de shǒujī hàomǎ shì duōshao
Excuse me, what's your cellphone number?

B: 我的手机号码是 13486626969。
Wǒ de shǒujī hàomǎ shì   13486626969
My cellphone number is 13486626969.

中国人的手机号码有什么特点？
Zhōngguórén de shǒujī hàomǎ yǒu shénme tèdiǎn
What are the characteristics of Chinese cellphone numbers?

生词 New words
shēngcí

喂	wèi	*int.*	hello
位	wèi	*quant.*	often used for people, showing respect
找	zhǎo	*v.*	look for
稍	shāo	*adv.*	a little
等	děng	*v.*	wait
谢谢	xièxie	*v.*	thanks
不客气	bú kèqi	—	you're welcome

2

A: Wèi Nín hǎo
喂？ 您好！
Hello?

B: Nǐ hǎo Qǐngwèn shì nǎ wèi
你好！ 请问是哪位？
Hello! Who is speaking?

A: Nín hǎo Wǒ shì xuéshēng Zhāng Hàn wǒ zhǎo
您好！ 我是学生 张 汉，我找
Wáng lǎoshī
王 老师。
Hello! This is Zhang Han speaking.
May I speak to Teacher Wang?

B: Qǐng shāoděng
请稍等。
She's here，hold on please.

A: Hǎode xièxie
好的，谢谢！
OK，thanks!

B: Bú kèqi
不客气！
You are welcome!

量词是汉语的一大特色，你知道为什么吗？
Liàngcí shì Hànyǔ de yí dà tèsè nǐ zhīdào wèishénme ma

Measure word is a major feature of Chinese language. Why?

注释 Notes
zhùshì

1. 基本数字
jīběn shùzì

Basic Numbers

数字一到十，不管是阿拉伯数字（1、2、3、4、5、6、7、8、
Shùzì yī dào shí bùguǎn shì Alābó shùzì

9、10），还是汉语小写数字（一、二、三、四、五、六、七、八、
háishì Hànyǔ xiǎoxiě shùzì yī èr sān sì wǔ liù qī bā

九、十），由于笔画简单，容易被涂改伪篡，所以一般文书和商业
jiǔ shí yóuyú bǐhuà jiǎndān róngyì bèi túgǎi wěicuàn suǒyǐ yìbān wénshū hé shāngyè

财务票据上的数字都要采用汉语大写数字；壹、贰、叁、肆、
cáiwù piàojù shàng de shùzì dōu yào cǎiyòng Hànyǔ dàxiě shùzì yī èr sān sì

伍、陆、柒、捌、玖、拾。
wǔ lù qī bā jiǔ shí

另外，中国人可以用一只手来表达数字一到十，如下图所示：
Lìngwài Zhōngguórén kěyǐ yòng yì zhī shǒu lái biǎodá shùzì yī dào shí rú xiàtú suǒshì

yī
一

èr
二

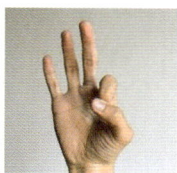
sān
三

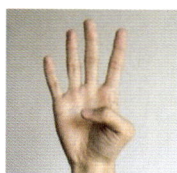
sì
四

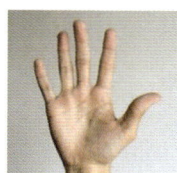
wǔ
五

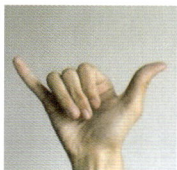
liù
六

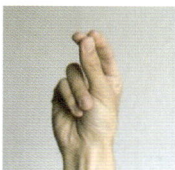
qī
七

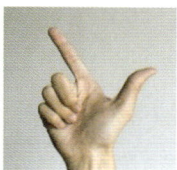
bā
八

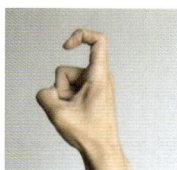
jiǔ
九

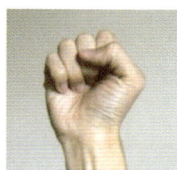
shí
十

Numbers from one to ten, whether it is Arabic numerals (1, 2, 3...10), or Simplified Chinese numbers (一、二、三……十), due to the simple strokes, it is easy to be altered and forged. Therefore, the numbers on general documents and commercial financial documents must be capitalized in Traditional Chinese: "壹、贰、叁、肆、伍、陆、柒、捌、玖、拾".

In addition, the Chinese can use one hand to express the numbers from one to ten.

2. 手机号码的表达

shǒujī hàomǎ de biǎodá

Expression of cellphone number

Zhōngguó de shǒujī hàomǎ mùqián wéi 11 wèi shì shìjiè shàng zuì cháng de diànhuà hàomǎ
中国的手机号码目前为 11 位，是世界上最长的电话号码。

Dú hàomǎ de shíhou yìbān qiēfēn wéi zhǐ xū
读号码的时候，一般切分为"1××-××××-××××"，只需

yīcì dú chū měi ge shùzì qízhōng 1 bù dú yī érshì dúzuò yāo bǐrú
依次读出每个数字，其中"1"不读"yī"，而是读作"yāo"，比如

134 8662 6969 dúzuò yāo sān sì bā liù liù liù liù jiǔ liù jiǔ
"134-8662-6969"读作"yāo sān sì-bā liù liù′ èr-liù jiǔ liù jiǔ"。

Lìngwài rú hàomǎ zhōng yǒu liánxù chóngfù de shùzì wèi bìmiǎn gōutōng shuāngfāng de
另外，如号码中有连续重复的数字，为避免沟通双方的

hùnluàn yě kěyǐ zhíjiē shuō chū gāi shùzì de gè shù bǐrú 134 8666 6969
混乱，也可以直接说出该数字的个数，比如"134-8666-6969"

zhōng de 6666 kě dú zuò sì gè liù zhěngtǐ dúzuò yāo sān sì bā sì gè
中的"6666"可读作"四个六"，整体读作"yāo sān sì-bā sì gè

liù jiǔ liù jiǔ
liù-jiǔ liù jiǔ"。

Rú xiàbiǎo suǒshì
如下表所示：

1-3-4	8-6-6-2		6-9-6-9
yāo sān sì	bā liù liù′ èr		liù jiǔ liù jiǔ
1-3-4	8	6666	9-6-9
yāo sān sì	bā	sì gè liù	jiǔ liù jiǔ

China's cellphone number currently has 11 digits, which is the longest phone number in the world.

When reading the number, it is generally divided into this "1××-××××-××××", just read each digit in turn. Among them, the number "1" is not pronounced as "yī", but as "yāo".

For example, this number "134-8662-6969"is pronounced as "yāo sān sì–bā liù liù' èr-liù jiǔ liù jiǔ".

In addition, if there are consecutive repeated digits in the cellphone number, you can directly tell the quantity of this digit in order to avoid confusion between the two parties. For example, there are four "6" in the number "134-8666-6969", you can read the four "6" as "sì ge liù", overall, this number is pronounced as "yāo sān sì–bā sì ge liù-jiǔ liù jiǔ".

3. 疑问代词 "多少"
yíwèn dàicí duōshao

Interrogative Pronoun " 多少 "
duōshao

Dāng yíwèn dàicí duōshao yòng yú xúnwèn hàomǎ de shíhou cháng yòng biǎodá fāngshì
当 疑 问 代 词 "多 少" 用 于 询 问 号 码 的 时 候， 常 用 表 达 方 式

shì hàomǎ shì duōshao Lìrú
是 "……号 码 是 多 少"。例 如：

Tā de shǒujī hàomǎ shì duōshao
（1）他 的 手 机 号 码 是 多 少？

Nǐ de fángjiān hàomǎ shì duōshao
（2）你 的 房 间 号 码 是 多 少？

Dāng yíwèn dàicí duōshao yòng yú xúnwèn shí yǐshàng de shùliàng de shíhou hòubian
当 疑 问 代 词 "多 少" 用 于 询 问 十 以 上 的 数 量 的 时 候， 后 边

kěyǐ jiē liàngcí yě kěyǐ shěng lüè liàngcí zhíjiē jiē míngcí Lìrú
可 以 接 量 词，也 可 以 省 略 量 词，直 接 接 名 词。例 如：

HànYǔ yǒu duōshao gè zì
（3）汉 语 有 多 少 个 字？

Nǐ de xuéxiào yǒu duōshao rén
（4）你 的 学 校 有 多 少 人？

When the interrogative pronoun " 多少 " is used to ask for a number, the common expression is "……号码是多少", for example:

Tā de shǒujī hàomǎ shì duōshao
(1) 他 的 手 机 号 码 是 多 少？

Nǐ de fángjiān hàomǎ shì duōshao
(2) 你 的 房 间 号 码 是 多 少？

When the interrogative pronoun "多少" is used to ask about the quantity which is more than ten. The measure word can follow it or be omitted. For example:

Hànyǔ yǒu duōshao gè zì
(3) 汉语有多少个字？

Nǐ de xuéxiào yǒu duōshao rén
(4) 你的学校有多少人？

发音 fāyīn Pronunciation

zìmǔ biǎo 字母表 Alphabet	shēngmǔ 声母 Initials	b p m f d t n l
		g k h j q x
		zh ch sh r z c s y w
	yùnmǔ 韵母 Finals	dān yùnmǔ 单韵母 Simple finals
		a o e i u ü
		fù yùnmǔ 复韵母 Compound finals
		ai ei ui ao ou iu ie üe er
		an en in un ün ang eng ing ong
	zhěngtǐ rèndú yīnjié 整体认读音节 The whole syllables	zhi chi shi ri zi ci si
		yi wu yu ye yue yuan yin yun ying

shì yi shì 试一试 Have a try

Zhǎochū yīxià cíyǔ de shēngmǔ hé yùnmǔ
找出以下词语的声母和韵母。
Find the initials and finals of these words.

Hànzì 汉字 Chinese character	shēngmǔ 声母 Initial	yùnmǔ 韵母 Final	shēngdiào 声调 Tone	pīnyīn 拼音 Pinyin
灿	c	ɑn	ˋ	càn
森				sēn
尊				zūn
进				jìn
群				qún
拼				pīn
谈				tán
对				duì

Hànzì
汉字 **Chinese character**

^{Hànzì jiégòu}
1. 汉字结构

Structures of Chinese characters

^{Hànzì àn jiégòu fēn wéi dútǐ zì yǔ hétǐ zì liǎng zhǒng}
汉字按结构分为独体字与合体字两 种。

^{Dútǐ zì wánzhěng bú yì chāifēn rú nǚ rén shū yě děng}
独体字完整、不易拆分，如：女、人、书、也等。

^{Hétǐ zì kěyǐ chāifēn wéi jǐ gè bùjiàn jiégòu xíngshì zhǔyào yǒu zuǒyòu jiégòu hé}
合体字可以拆分为几个部件，结构形式主要有左右结构和

^{shàngxià jiégòu rú hàn jiào yǔ nǐ zì xué kè xiě děng}
上下结构，如：汉、叫、语、你、字、学、客、写等。

^{Rú xiàbiǎo suǒshì}
如下表所示：

	女	人	书	也
	汉	叫	语	你
	字	学	客	写

According to the structures of Chinese characters, there are two types: single-type characters and combined-type characters.

Single-type characters are complete and not easy to separate, such as: "人、女、书、也", and so on.

The combined characters can be divided into several parts, and the structure forms mainly include left and right structure and upper and lower structure, such as "汉、叫、语、你、字、学、客、写".

shì yi shì 试一试 Have a try

Kànkan shàngmian de jiégòu xuézhe xiě yi xiě
看看上面的结构，学着写一写。
Take a look at the above strokes, try to write them.

中		是	请	留

2. 汉字部首
Hànzì bùshǒu

Radicals of Chinese Characters

汉字部首是指汉字形体中一些经常出现的组成部分。分"表义"和"不表义"两类，不表义的部首只有一画或两画，表义的部首用于对事物进行归类，例如："女字旁"，在汉字"她"中担任部首，表示女性。

部首 Radical	名称 Name	位置 Position	意义 Meaning	例字 Examples
女	女字旁 nǚ zì páng	left or bottom	female	妈、娶 mā qǔ
亻	单人旁 dān rén páng	left side	human beings or activities of human	们、做 men zuò
彳	双人旁 shuāng rén páng	left side	road or to walk	行、往 xíng wǎng

The radicals of Chinese characters refer to some frequently-occurring components in the form of Chinese characters. There are two types of radicals: "meaning" and "non-meaning". The non-meaning radicals have only one or two strokes. The meaning radicals are used to classify things, for example: the radical of "女" is used as a radical in the Chinese character "她", which means female.

试一试 Have a try
shì yi shì

看例字，写出对应的部首整体及部首笔画。
Look at the Chinese characters below and write the corresponding radicals and the strokes of their radicals.

汉字 Hànzì Chinese character	第一笔 dì–yī bǐ The first stroke	第二笔 dì–èr bǐ The second stroke	第三笔 dì–sān bǐ The third stroke	部首 bùshǒu Radical
你 (nǐ)	丿	丨		亻
奶 (nǎi)				
很 (hěn)				
要 (yào)				
位 (wèi)				

wénhuà 文化 Culture

Zhōngguó gǔdài tōngxìn
中国古代通信

Ancient communication

Tōngxìn shì rénmen jìnxíng shèhuì jiāowǎng de zhòngyào shǒuduàn   qí lìshǐ yōujiǔ   yīncǐ
通信是人们进行社会交往的重要手段，其历史悠久，因此
zài gǔjīn zhōngwài dōu chǎnshēng le hěn duō yǔ zhī xiāngguān de qùwén   Wǒmen de zǔxiān zài méiyǒu
在古今中外都产生了很多与之相关的趣闻。我们的祖先在没有
fāmíng wénzì hé shǐyòng jiāotōng gōngjù zhīqián   jiù yǐjīng nénggòu hùxiāng tōngxìn le   Zhōngguó
发明文字和使用交通工具之前，就已经能够互相通信了。中国
gǔdài tōngxìn fāngshì yǒu fēigē chuánshū   yìzhàn tōngxìn   fēnghuǒ tōngxìn děng
古代通信方式有飞鸽传书、驿站通信、烽火通信等。

Fēigē chuánshū shì gǔrén zhījiān liánxì de yì zhǒng fāngfǎ   jiāng xìnjiàn jì zài gēzi de
飞鸽传书是古人之间联系的一种方法，将信件系在鸽子的
jiǎo shàng   ránhòu chuándì gěi yào shōuxìn de rén   Gǔdài tōngxìn bù fāngbiàn   suǒyǐ cōngmíng de
脚上，然后传递给要收信的人。古代通信不方便，所以聪明的
rén lìyòng gēzi fēi de bǐjiào kuài   huì biànrèn fāngxiàng děng duō fāngmiàn yōudiǎn   xùnhuà le
人利用鸽子飞得比较快、会辨认方向等多方面优点，驯化了

gēzi　　yòng yǐ　tígāo sòng xìn de　sùdù
鸽子，用以提高送信的速度。

Yìzhàn　shì　gǔdài gōng chuándì jūnshì　qíngbào de guānyuán tú zhōng shísù huàn mǎ de chǎngsuǒ
驿站是古代供传递军事情报的官员途中食宿换马的场所，
yě　shì biānjiāng fángwèi jūn chuándì xìnxī　de fāngshì zhī yī　　yìzhàn chuán xìn shì zǎoqī yǒu zǔzhī de
也是边疆防卫军传递信息的方式之一。驿站传信是早期有组织的
tōngxìn fāngshì
通信方式。

Fēnghuǒ shì　gǔdài biānfáng jūnshì tōngxìn de zhòngyào shǒuduàn　Fēnghuǒ de rán qǐ shì biǎoshì
烽火是古代边防军事通信的重要手段。烽火的燃起是表示
guójiā zhànshì de chūxiàn　Gǔdài zài biānjìng jiànzào de fēnghuǒ tái　tōngcháng tái shàng fàngzhì
国家战事的出现。古代在边境建造的烽火台，通常台上放置
gānchái　yù yǒu díqíng shí zé rán huǒ yǐ bàojǐng　tōngguò shānfēng zhījiān de fēnghuǒ xùnsù chuándá
干柴，遇有敌情时则燃火以报警，通过山峰之间的烽火迅速传达
xìnxī
信息。

Communication is an important means for people to contact in society. It has a long history. Therefore, many interesting anecdotes related to it have been produced in ancient and modern China and abroad. Our ancestors were able to communicate with each other before they invented character-writing and used vehicles.Ancient Chinese communication methods include flying pigeons, courier station, beacon-fire communication, etc.

Flying pigeons was a method of communication between the ancients. The letter was tied to the feet of the pigeon and then passed to the others. Communication was inconvenient in ancient times, so smart people took the advantages of pigeons which could fly faster and recognize directions, they domesticated pigeons to increase the speed of sending letters.

The courier station was an ancient place for officials who passed military intelligence to board, lodging and changing horses on their way. It was one of the ways for the Frontier Defense Forces to transmit information. Station messaging was an early organized communication method.

The beacon-fire was an important means of military communications for the ancient border defense, and the ignition of the beacon represents the emergence of national warfare. The ancient beacon towers built on the border usually put dry firewood on the stage, and when there is an enemy situation, it burns to raise the alarm—the beacon fire between the peaks quickly conveys the message.

shì yi shì
试一试 Have a try

Nǐ xiànzài tōngguò shénme fāngshì yǔ péngyou liánx
你现在通过什么方式与朋友联系？
How do you contact your friends now?

第七课　我家有五口人

Lesson Seven　There are five people in my family

xuéxí mùbiāo **学习目标** **Objective**	Xuéxí bǎi yǐshàng de shùzì 1. 学习百以上的数字。 Learn numbers above one hundred. Xuéhuì jièshào jiātíng chéngyuán 2. 学会介绍家庭成员。 Learn to introduce family members.

rèshēn 热身 Warm up

Gěi xiàmian de Hànyǔ xuǎnzé duìyìng de túpiàn
给下面的汉语选择对应的图片。
Choose the corresponding picture for the Chinese language below.

①

②

③

④

⑤

⑥

érzi 儿子	lǎoshī 老师	jiā 家	sì kǒu rén 四口人	xiǎo nǚhái 小女孩	yéye 爷爷

xiǎng yi xiǎng 想一想 Think about it

Nǐ zhīdào zěnme chēnghū yí gè mòshēngrén ma
你知道怎么称呼一个陌生人吗？
Do you know how to call a stranger?

对话 Dialogue
duìhuà

生词 New words
shēngcí

家	jiā	*n.*	home, family
几	jǐ	—	how many
口	kǒu	*quant.*	—
爸爸	bàba	*n.*	father
妈妈	māma	*n.*	mother
妹妹	mèimei	—	younger sister
和	hé	*conj.*	and
做	zuò	*v.*	do
工作	gōngzuò	*n.*	job
医生	yīshēng	*n.*	doctor

1

A: 你家有几口人？
Nǐ jiā yǒu jǐ kǒu rén
How many people are there in your family?

B: 我家有四口人，爸爸、妈妈、妹妹和我。
Wǒ jiā yǒu sì kǒu rén bàba māma mèimei hé wǒ
There are four people in my family, father, mother, younger sister and me.

A: 你爸爸妈妈做什么工作？
Nǐ bàba māma zuò shénme gōngzuò
What do your parents do?

B: 我爸爸是医生，我妈妈是老师。
Wǒ bàba shì yīshēng wǒ māma shì lǎoshī
My father is a doctor and my mother is a teacher.

Nǐ jiānglái xiǎng zuò shénme gōngzuò
你将来想做什么工作？
What job do you want to do in the future?

shēngcí
生词 New words

有	yǒu	v.	there be; have
个	gè	quant.	—
只	zhǐ	adv.	only
呢	ne	int.	—
两	liǎng	num.	two
百	bǎi	num.	hundred
零	líng	num.	zero
真	zhēn	adv.	really
多	duō	v.	many, much
啊	a	int.	—

2

Nǐmen xuéxiào yǒu duōshao gè liúxuéshēng
A: 你们学校有多少个留学生？
How many international students are there in your school？

Wǒmen xuéxiào zhǐ yǒu èrshíwǔ gè nǐmen ne
B: 我们学校只有二十五个，你们呢？
There are only 25 in our school, how about you?

Wǒmen xuéxiào yǒu liǎngbǎi líng bā gè liúxuéshēng
A: 我们学校有两百零八个留学生。
There are 208 in our school.

Nǐmen de liúxuéshēng zhēn duō a
B: 你们的留学生真多啊！
There are so many international students in your school!

Nǐ zhīdào quánZhōngguó yǒu duōshao rén ma
你知道全中国有多少人吗？
Do you know how many people there are in China?

zhùshì
注释 Notes

bǎi yǐshàng de shùzì
1. 百以上的数字

Numbers above a hundred

1	0	0	0	0	0	0	0	0
yì	qiānwàn	bǎiwàn	shíwàn	wàn	qiān	bǎi	shí	gè
亿	千万	百万	十万	万	千	百	十	个

shùzì 数字 Number	xiěfǎ hé dúfǎ 写法和读法 Writing and Reading
101	yìbǎi líng yī 一百零一
112	yìbǎi yīshíèr 一百一十二
279	èrbǎi qīshíjiǔ　liǎngbǎi qīshíjiǔ 二百七十九 / 两百七十九
1005	yìqiān líng wǔ 一千零五
3046	sānqiān líng sìshíliù 三千零四十六
2800	liǎngqiān bābǎi 两千八百
60108	liùwàn líng yìbǎi líng bā 六万零一百零八
703850	qīshí wàn sānqiān bābǎi wǔshí 七十万三千八百五十

2. "二"和"两"
"二" and "两"

数字 "2" 在汉语中有两 种读法，一种读作 "二"，另一种读作 "两"。

数数、读数字、读序号或读号码的时候，把 "2" 读作 "二"，在 "百" "千" "万" "亿" 之前，也可以读作 "两"。另外，在量词前面的 "2"，也读作 "两"。

具体读法如下表所示：

2	情况 Situation	举例 Examples	读作 Pronunciation
二	数数	1、2、3…… 12、13	yī, èr, sān...shí'èr, shísān
	读数字	$\frac{2}{3}$、2:1	sān fēn zhī èr, èr bǐ yī
	读序号	No.2、(2)	èr hào, dì èr
	读号码	3921、 13873258722	sānjiǔèryī, yāo/yīsānbāqīsānèrwǔbāqīèrèr
两	数数	200、201、202	liǎngbǎi, liǎngbǎi líng yī, liǎngbǎi líng èr
	量词之前	两个学生、 两位老师	liǎng gè xuéshēng, liǎng wèi lǎoshī

There are two ways to pronounce the number "2" in Chinese, one is pronounced as "二" and the other is pronounced as "两".

When counting, reading numbers, reading serial numbers or reading numbers, we read "2" as "二". Before "百", "千", "万", and "亿", we can also read "两". In addition, the "2" in front of the quantifier is also pronounced "两".

liàngcí
3. 量词

Quantifier

Liàngcí shì biǎoshì shìwù huò dòngzuò de dānwèi cí Biǎoshì shìwù dānwèi de chēng wéi wù
量词是表示事物或动作的单位词。表示事物单位的称为物
liàngcí rú běn zhī děng Biǎoshì dòngzuò dānwèi de chēng wéi dòng liàngcí rú cì biàn děng
量词，如本、只等。表示动作单位的称为动量词，如次、遍等。
Lìrú
例如：

liàngcí 量词 Quantifier	jǔlì 举例 Example	túshì 图示 Icon
wùliàngcí 物量词 Quantifier for Noun	sì běn shū 四本书 four books	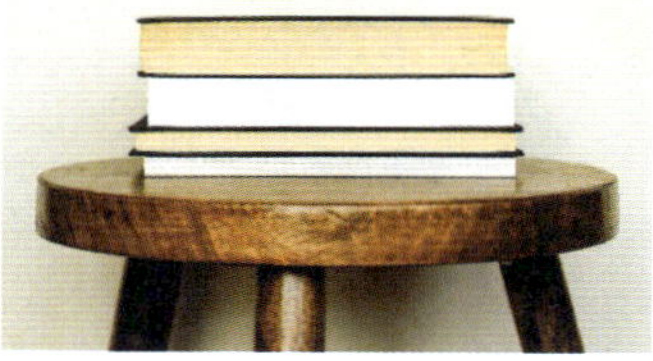
	yì zhī māo 一只猫 one cat	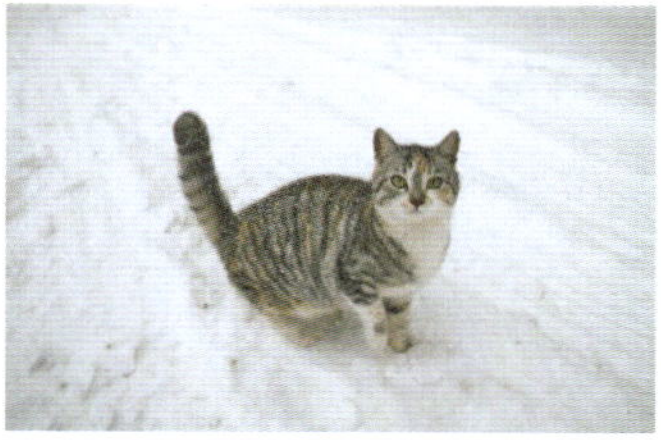
dòngliàngcí 动量词 Quantifier for Verb	tīng yí cì yīn yuè huì 听一次音乐会 listen to a concert	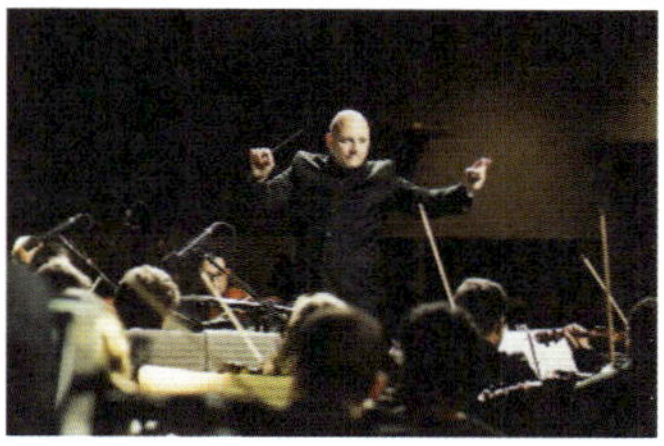
	kàn liǎng biàn shū 看两遍书 read the book two times	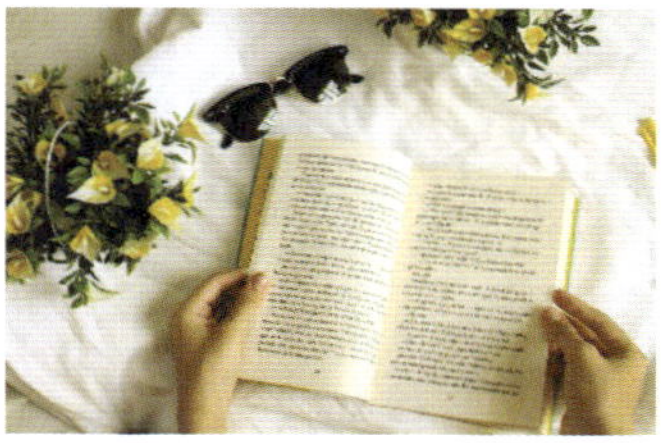

Quantifier is a unit word that expresses things or actions. The words that indicate the unit of things are called "nominal quantifiers", such as "本、只" etc. The ones that represent the unit of action are called "verbal quantifiers", such as "次、遍", and so on.

fāyīn 发音 Pronunciation

zìmǔ biǎo 字母表 Alphabet	shēngmǔ 声母 Initials	b p m f d t n l g k h j q x zh ch sh r z c s y w		
	yùnmǔ 韵母 Finals	dān yùnmǔ 单韵母 Simple finals		
		a o e i u ü		
		fù yùnmǔ 复韵母 Compound finals		
		ai ei ui ao ou iu ie üe er		
		an en in un ün ang eng ing ong		
	zhěngtǐ rèndú yīnjié 整体认读音节 The whole syllables	zhi chi shi ri zi ci si yi wu yu ye yue yuan yin yun ying		

shì yi shì 试一试 Have a try

Zhǎochū yíxià cíyǔ de shēngmǔ hé yùnmǔ
找出以下词语的声母和韵母。
Find the initials and finals of these words.

汉字 Hànzì Chinese character	声母 shēngmǔ Initial	韵母 yùnmǔ Final	声调 shēngdiào Tone	拼音 pīnyīn Pinyin
上	sh	ang	﹨	shàng
争				zhēng
请				qǐng
虫				chóng
容				róng
平				píng
长				cháng
扔				rēng

汉字 Hànzì Chinese character

1. 汉字结构 Hànzì jiégòu

Structures of Chinese Characters

Hànzì hétǐ zì jiégòu xíngshì chú le zuǒyòu jiégòu hé shàngxià jiégòu háiyǒu bàn bāowéi
汉字合体字结构形式除了左右结构和上下结构，还有半包围
jiégòu liǎng biān rú bìng chuáng tīng tòng jìn tíng hái guò xí diàn
结构（两边），如：病、床、厅、痛、进、廷、还、过、习、甸、
sī sháo děng
司、勺等。

Rú xiàtú suǒshì
如下图所示：

	病	床	厅	痛
	进	廷	还	过
	习	甸	司	勺

According to the structures of Chinese characters, the combined-type characters also have a semi-enclosed structure (two sides), such as: "病、床、厅、痛、进、廷、还、过、习、甸、司、勺", and so on.

shì yi shì 试一试 Have a try

Kànkan shàngmian de jiégòu xuézhe xiě yi xiě
看看上面的结构，学着写一写。
Take a look at the above strokes, try to write them.

匈	疼	近	氧

Hànzì bùshǒu
2. 汉字部首

Radicals of Chinese Characters

Hànzì bùtóng de bùshǒu yǒu bùtóng de hányì xiàmian de bùshǒu dū shì hé shēntǐ de
汉字不同的部首有不同的含义，下面的部首都是和身体的

bùwèi yǒuguān lìrú
部位有关，例如：

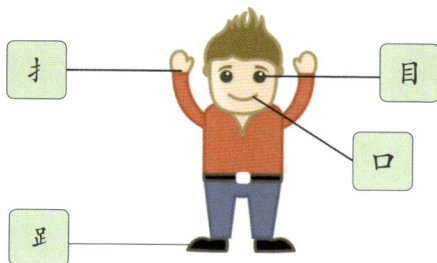

Different radicals of Chinese characters have different meanings. The following capitals are related to body parts, for example:

bùshǒu 部首 Radical	míngchēng 名 称 Name	wèizhì 位置 Position	yìyì 意义 Meaning	lìzì 例字 Examples
扌	tí shǒupáng 提手旁	left side	hands or the acts of hands	zhǎo bào 找 抱
𧾷	zú zì páng 足字旁	left side	feet or the acts of feet	pǎo tī 跑 踢
目	mù zì páng 目字旁	left or bottom	eyes or the acts of eyes	shuì kàn 睡 看
口	kǒu zì páng 口字旁	left side	mouth or the acts of mouth	chī hē 吃 喝

shì yì shì
试一试 Have a try

Kàn lìzì xiě chū duìyìng de bùshǒu zhěngtǐ jí bùshǒu bǐhuà
看例字，写出对应的部首整体及部首笔画。
Look at the Chinese characters below and write the corresponding radicals and the strokes of their radicals.

Hànzì 汉字 Chinese character	dì-yī 第一 bǐ 笔 The first stroke	dì-èr 第二 bǐ 笔 The second troke	dì-sān 第三 bǐ 笔 The third stroke	dì-sì 第四 bǐ 笔 The fourth stroke	dì-wǔ 第五 bǐ 笔 The fifth stroke	dì-liù 第六 bǐ 笔 The sixth stroke	dì-qī 第七 bǐ 笔 The seventh stroke	bùshǒu 部首 Radical
打 (dǎ)	一	亅	ノ					扌
跳 (tiào)								
眼 (yǎn)								
叫 (jiào)								
握 (wò)								

wénhuà 文化 Culture

Zhōngguó gǔdài rénkǒu zhèngcè
中国古代人口政策

Ancient Population Policy

Zhōngguó lìcháo rénkǒu zhèngcè　　yǔ　fùyì zhèngcè　　hūnyīn zhèngcè guānxì hěn dà　　Yìxiē
中国历朝人口政策，与赋役政策、婚姻政策关系很大。一些
cháodài jīnglì chángqī zhànzhēng zhīhòu　　zhànhuò shǐ hěn duō rén sǐwáng　　zào chéng rénkǒu ruì jiǎn
朝代经历长期战争之后，战祸使很多人死亡，造成人口锐减，
yǐngxiǎng fùyì de zhēngshōu hé bīnglì láiyuán　　wèi jiějué zhè gè wèntí　　tǒngzhì zhě xīwàng
影响赋役的征收和兵力来源，为解决这个问题，统治者希望
tōngguò qiǎngpò zǎo hūn　　dádào rénkǒu zēngzhǎng de mùdì
通过强迫早婚，达到人口增长的目的。

Chūnqiū shídài de Yuèguó　　shíxíng　shí nián shēng jù　　shí nián jiàoxùn　de fāngzhēn
春秋时代的越国，实行"十年生聚，十年教训"的方针。
Shēng jù　　de nèiróng zhī yī jiù shì fányǎn rénkǒu　　Nǚzǐ shíqī suì bú jià　　qí fùmǔ yǒu
"生聚"的内容之一就是繁衍人口。"女子十七岁不嫁，其父母有

罪；丈夫二十不娶，其父母有罪。"（《国语·越语上》）这是把男20岁、女17岁定为最迟结婚年龄。

西晋的晋武帝在泰始九年下令："女年十七，父母不嫁者，使长吏配之。"（《晋书·武帝纪》）规定中，女儿到了17岁，父母还不把她嫁出去，政府就要强行把她许配给别人。

唐太宗贞观元年颁布的诏书讲："其庶人男女无室家者，并仰州县官人以礼聘娶，皆任其同类相求，不得抑取。""男年二十，女年十五以上及妻丧达制以后，孀居服纪已除，并须中以婚媾，令其好合，若守志贞洁，并任其情，无劳抑以嫁娶。"（《通典·礼·男女婚嫁年纪议》）朝廷要求州县官督促男女婚配，但在执行中要注意政策，不硬性分配。

The population policy of the past dynasties has a lot to do with the policy of taxation and labor and marriage policy. After the prolonged war in some dynasties, the scourge of war killed many people, caused a sharp decline in the population, and affected the expropriation of taxes and services and the source of troops. To solve this problem, the rulers hoped to achieve population growth through forced early marriage.

In the Spring and Autumn Period, the Yue country implemented the policy of "10 years of gathering, 10 years of lessons". One of the contents of "shengju" is to multiply the population. "If a girl does not marry at the age of seventeen, her parents will be convicted. If a man does not marry a wife at the age of twenty, his parents will also be sentenced." ("国语·越语上") This is the latest age of marriage for a man at 20 and a woman at 17 years old.

The Emperor Wu, who formally established the Western Jin Dynasty, issued an order in the 9th year of Taishi: "Women who have reached the age of seventeen will be assigned a husband by the government if they have not been arranged by their parents to marry." ("晋书·武帝纪") According to this rule, the daughter reached the age of 17, before her parents marry her, the government will forcibly betroth her to someone else.

The edict issued by Emperor Taizong of the Tang Dynasty in the first year of Zhenguan stated: "His people, men and women, as long as they have no family, the local government will not interfere with their union, but will help. "For men over 20, women over 15, and widowed people, after the end of the mourning period, local officials will also work with them as a matchmaker and let them get married." ("通典·礼·男女婚嫁年纪议") The central government requires state and county officials to supervise and urge men and women to marry, but they must pay attention to policies in the implementation and not rigidly allocate them.

试一试 Have a try

Kànkan xiàmian de tú　　nǐ néng fāxiàn Zhōngguó rénkǒu zhèngcè de biànhuà ma
看看下面的图，你能发现中国人口政策的变化吗？
Look at the picture below. Spot the changes in China's population policy.

| 国家提倡 "只生一个" | 陆续推开 "双独二孩" | 开始启动 "单独二孩" | 提出实施 "全面二孩" | 提出实施 "全面三孩" |
| 1980年 | 2002年 | 2013年 | 2015年 | 2021年 |

Nǐmen guójiā de rénkǒu zhèngcè shì zěnmeyàng de ne
你们国家的人口政策是怎么样的呢？
What is the population policy of your country?

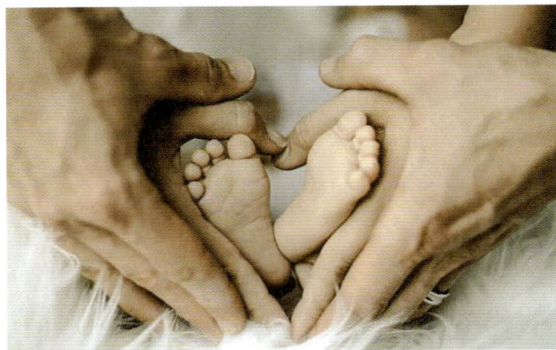

第八课　今天几号

Lesson Eight　What's the date today

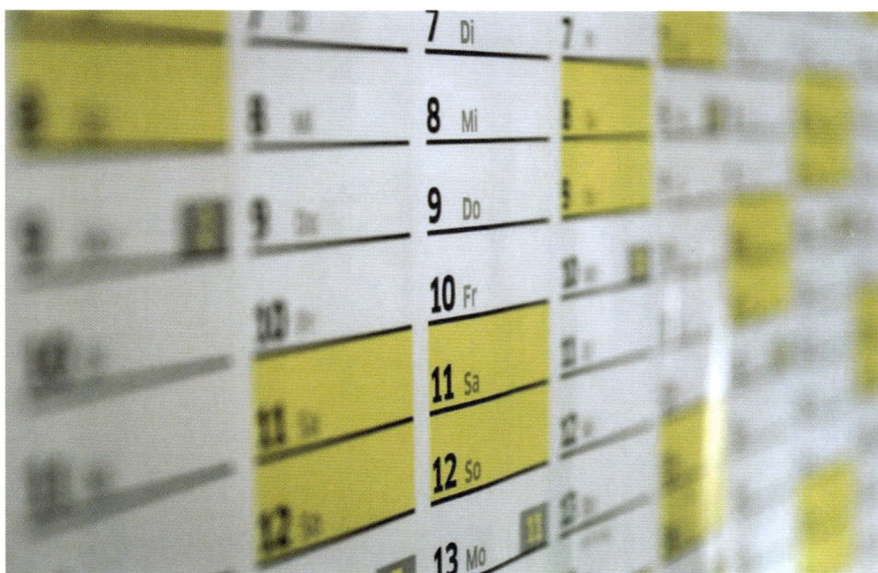

Xuéxí rìqī xīngqī biǎoshì fǎ
1. 学习日期、星期表示法。
   Learn the expression of date and week.

Xué huì xúnwèn rìqī shēngrì hé shēngxiào
2. 学会询问日期、生日和生肖。
   Learn the way of asking date, birthday and Chinese zodiac.

rèshēn
热身　Warm up

Gěi xiàmian de Hànyǔ xuǎnzé duìyìng de túpiàn
给下面的汉语选择对应的图片。
Choose the corresponding picture for the Chinese language below.

①

②

③

④

⑤

⑥

xīngqī 星期	yī yuè 一月	Qíngrénjié 情人节	shēngrì 生日	shǔ gǒu 属狗	shíjiǔ hào 十九号

xiǎng yi xiǎng
想一想　Think about it

Nǎ yì tiān duì nǐ lái shuō shì hěn zhòngyào de rìzi
哪一天对你来说是很重要的日子？
Which day is very important for you?

对话 Dialogue
duìhuà

生词 New words
shēngcí

今天	jīntiān	*n.*	today
号	hào	*n.*	number (of day)
月	yuè	*n.*	month
星期	xīngqī	*n.*	week
明天	míngtiān	*n.*	tomorrow
生日	shēngrì	*n.*	birthday
出生	chūshēng	*v.*	born
属相	shǔxiàng	*n.*	zodiac
狗	gǒu	*n.*	dog

1

A: 今天几号？
Jīntiān jǐ hào
What's the date today?

B: 今天十二月十八号。
Jīntiān shíèr yuè shíbā hào
It's December 18th.

A: 今天星期几？
Jīntiān xīngqī jǐ
What day is it today?

B: 今天星期一。
Jīntiān xīngqī yī
It's Monday.

Míngtiān shì wǒ gēge de shēngrì
A: 明天是我哥哥的生日。
Tomorrow is my brother's birthday.

Nǐ gēge shì shénme shǔxiàng
B: 你哥哥是什么属相？
What's his zodiac?

tā 1994 niánchūshēng shǔ gǒu
A: 他1994年出生，属狗。
He was born in 1994, his zodiac is dog.

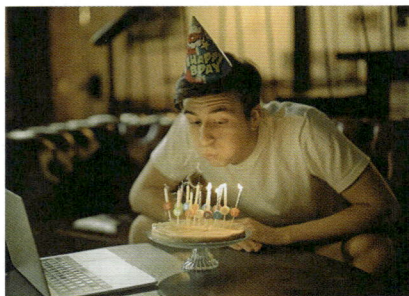

Nǐ liǎojiě Zhōngguórén de shǔxiàng ma
你了解中国人的属相吗？
Do you know Chinese zodiac?

祝	zhù	*v.*	wish
快乐	kuàilè	*adj.*	happy
礼物	lǐwù	*n.*	gift
请	qǐng	*v.*	invite
吃	chī	*v.*	eat
饭	fàn	*n.*	meal

2

Gēge jīntiān shì nǐ de shēngrì
A: 哥哥，今天是你的生日。
Brother, today is your birthday.

Jīntiān shì shíèr yuè shíjiǔ hào ma
B: 今天是十二月十九号吗？
Is it December 19th today?

Shì de Zhù nǐ shēngrì kuàilè Zhè shì lǐwù Jīn wǎn wǒ qǐng nǐ chīfàn
A: 是的。祝你生日快乐！这是礼物。今晚我请你吃饭。
Yes. Happy birthday! Here is my gift.I invite you to have meal tonight.

Hǎo a Xièxie
B: 好啊。谢谢！
OK. Thank you!

Péngyou guò shēngrì　　nǐ　yìbān sòng shénme lǐwù　　Wèi shénme
朋友过生日，你一般送什么礼物？为什么？

If it's your friend's birthday, what do you choose for a gift? Why?

---

zhùshì
注释　　Notes

nián　yuè　rì　xīngqī biǎoshì fǎ
1. 年、月、日、星期表示法

Expression of year, month, date, and the day of the week.

Hànyǔ de rìqī shì ànzhào　　　　　　　　nián　　　　　yuè　　　　rì　hào　xīngqī
汉语的日期是按照"××××年××月××日（号）星期×"
de jiégòu páiliè de　　kǒuyǔ lǐ　rì　chángshuōchéng　hào　　Lìrú
的结构排列的，口语里"日"常说成"号"。例如：

2022 年 10 月 1 日（号）星期六

In Chinese, a date is read in the order of "年 (year), 月 (month), 日 (date), 星期 (day of the week)". "日" is often replaced by "号" in spoken language.

nián　yuè　rì hé xīngqī de dú fǎ
（1）年、月、日和星期的读法。

The reading of year, month, date and week.

2022 年	èr líng èr èr nián 二零二二年
10 月	shí yuè 十月
1 日	yī rì hào 一日（号）
星期六	xīngqī liù 星期六

（2）<ruby>询<rt>Xún</rt></ruby><ruby>问<rt>wèn</rt></ruby><ruby>和<rt>hé</rt></ruby><ruby>回<rt>huí</rt></ruby><ruby>答<rt>dá</rt></ruby><ruby>日<rt>rì</rt></ruby><ruby>期<rt>qī</rt></ruby>、<ruby>星<rt>xīng</rt></ruby><ruby>期<rt>qī</rt></ruby>。

Inquiring and answering the question of date and week.

A：<ruby>今<rt>Jīn</rt></ruby><ruby>天<rt>tiān</rt></ruby>（<ruby>几<rt>jǐ</rt></ruby><ruby>月<rt>yuè</rt></ruby>）<ruby>几<rt>jǐ</rt></ruby><ruby>号<rt>hào</rt></ruby>？

B：<ruby>今<rt>Jīn</rt></ruby><ruby>天<rt>tiān</rt></ruby><ruby>九<rt>jiǔ</rt></ruby><ruby>月<rt>yuè</rt></ruby><ruby>一<rt>yī</rt></ruby><ruby>号<rt>hào</rt></ruby>。

A：<ruby>今<rt>Jīn</rt></ruby><ruby>天<rt>tiān</rt></ruby><ruby>星<rt>xīng</rt></ruby><ruby>期<rt>qī</rt></ruby><ruby>几<rt>jǐ</rt></ruby>？

B：（<ruby>今<rt>Jīn</rt></ruby><ruby>天<rt>tiān</rt></ruby>）<ruby>星<rt>xīng</rt></ruby><ruby>期<rt>qī</rt></ruby><ruby>三<rt>sān</rt></ruby>。

2. <ruby>名<rt>míng</rt></ruby><ruby>词<rt>cí</rt></ruby><ruby>谓<rt>wèi</rt></ruby><ruby>语<rt>yǔ</rt></ruby><ruby>句<rt>jù</rt></ruby>

Sentence with a nominal

<ruby>名<rt>Míng</rt></ruby><ruby>词<rt>cí</rt></ruby><ruby>谓<rt>wèi</rt></ruby><ruby>语<rt>yǔ</rt></ruby><ruby>句<rt>jù</rt></ruby><ruby>是<rt>shì</rt></ruby><ruby>指<rt>zhǐ</rt></ruby><ruby>由<rt>yóu</rt></ruby><ruby>名<rt>míng</rt></ruby><ruby>词<rt>cí</rt></ruby>、<ruby>名<rt>míng</rt></ruby><ruby>词<rt>cí</rt></ruby><ruby>短<rt>duǎn</rt></ruby><ruby>语<rt>yǔ</rt></ruby>、<ruby>数<rt>shù</rt></ruby><ruby>词<rt>cí</rt></ruby>、<ruby>数<rt>shù</rt></ruby><ruby>量<rt>liàng</rt></ruby><ruby>短<rt>duǎn</rt></ruby><ruby>语<rt>yǔ</rt></ruby><ruby>等<rt>děng</rt></ruby><ruby>名<rt>míng</rt></ruby><ruby>词<rt>cí</rt></ruby><ruby>性<rt>xìng</rt></ruby><ruby>成<rt>chéng</rt></ruby><ruby>分<rt>fèn</rt></ruby><ruby>充<rt>chōng</rt></ruby><ruby>当<rt>dāng</rt></ruby><ruby>谓<rt>wèi</rt></ruby><ruby>语<rt>yǔ</rt></ruby><ruby>的<rt>de</rt></ruby><ruby>句<rt>jù</rt></ruby><ruby>子<rt>zi</rt></ruby>。<ruby>主<rt>Zhǔ</rt></ruby><ruby>语<rt>yǔ</rt></ruby><ruby>和<rt>hé</rt></ruby><ruby>谓<rt>wèi</rt></ruby><ruby>语<rt>yǔ</rt></ruby><ruby>之<rt>zhī</rt></ruby><ruby>间<rt>jiān</rt></ruby><ruby>不<rt>bú</rt></ruby><ruby>用<rt>yòng</rt></ruby>"<ruby>是<rt>shì</rt></ruby>"。<ruby>一<rt>Yì</rt></ruby><ruby>般<rt>bān</rt></ruby><ruby>用<rt>yòng</rt></ruby><ruby>于<rt>yú</rt></ruby><ruby>表<rt>biǎo</rt></ruby><ruby>达<rt>dá</rt></ruby><ruby>年<rt>nián</rt></ruby><ruby>龄<rt>líng</rt></ruby>、<ruby>日<rt>rì</rt></ruby><ruby>期<rt>qī</rt></ruby>、<ruby>时<rt>shí</rt></ruby><ruby>间<rt>jiān</rt></ruby><ruby>等<rt>děng</rt></ruby>，<ruby>例<rt>lì</rt></ruby><ruby>如<rt>rú</rt></ruby>：

<ruby>主<rt>zhǔ</rt></ruby><ruby>语<rt>yǔ</rt></ruby> Subject	<ruby>谓<rt>wèi</rt></ruby><ruby>语<rt>yǔ</rt></ruby> Predicate
今天	九月一号
明天	星期天
我的汉语老师	二十五岁

A sentence with a nominal predicate is a sentence whose predicate is a nominal element like a noun, noun phrase, numeral or numeral-classifier compound. "是" is not used between the subject and the predicate in such a sentence. This is generally used to express age, date, time, etc.

<ruby>名<rt>Míng</rt></ruby><ruby>词<rt>cí</rt></ruby><ruby>谓<rt>wèi</rt></ruby><ruby>语<rt>yǔ</rt></ruby><ruby>句<rt>jù</rt></ruby><ruby>的<rt>de</rt></ruby><ruby>否<rt>fǒu</rt></ruby><ruby>定<rt>dìng</rt></ruby><ruby>形<rt>xíng</rt></ruby><ruby>式<rt>shì</rt></ruby><ruby>是<rt>shì</rt></ruby><ruby>在<rt>zài</rt></ruby><ruby>谓<rt>wèi</rt></ruby><ruby>语<rt>yǔ</rt></ruby><ruby>前<rt>qián</rt></ruby><ruby>用<rt>yòng</rt></ruby>"<ruby>不<rt>bú</rt></ruby><ruby>是<rt>shì</rt></ruby>"，<ruby>例<rt>lì</rt></ruby><ruby>如<rt>rú</rt></ruby>：

Jīntiān bú shì xīngqī liù
今天不是星期六。

Wǒ bàba bú shì sìshí suì
我爸爸不是四十岁。

The negative form is to use "不是" before the predicate.

shíèr shēngxiào
3.十二生肖

Twelve Chinese zodiac

Shēngxiào yě chēng shǔxiàng   shì Zhōngguó chuántǒng de jìsuàn niánlíng de fāngfǎ   yě shì yī
生肖也称属相，是中国传统的计算年龄的方法，也是一
zhǒng gǔlǎo de jìnián fǎ
种古老的纪年法。

Yīncǐ   dàitì zhíjiē xúnwèn niánlíng   kěyǐ xúnwèn yí gè rén de shǔxiàng   jù cǐ
因此，代替直接询问年龄，可以询问一个人的属相，据此
jiànjiē tuīchū dàzhì niánlíng Xúnwèn shǔxiàng de fāngshì shì
间接推出大致年龄。询问属相的方式是：

Nǐ shì shénme shǔxiàng   Nǐ shǔ shénme
A：你是什么属相？ / 你属什么？

Wǒ shǔ zhū
B：我属猪。

Shēngxiào de zhōuqī wéi shíèrnián   yóu shíèr gè dòngwù dàibiǎo   zhōuérfùshǐ   jí
生肖的周期为十二年，由十二个动物代表，周而复始，即：

shēngxiào 生肖	chūshēng niánfèn 出生年份	shēngxiào 生肖	chūshēng niánfèn 出生年份
shǔ 鼠	1972 1984 1996 2008 2020	mǎ 马	1978 1990 2002 2014

shēngxiào 生肖	chūshēng niánfèn 出生年份	shēngxiào 生肖	chūshēng niánfèn 出生年份
niú 牛	1973 1985 1997 2009 2021	yáng 羊	1979 1991 2003 2015
hǔ 虎	1974 1986 1998 2010 2022	hóu 猴	1980 1992 2004 2016
tù 兔	1975 1987 1999 2011	jī 鸡	1981 1993 2005 2017
lóng 龙	1976 1988 2000 2012	gǒu 狗	1982 1994 2006 2018

续表

shēngxiào 生 肖	chūshēng niánfèn 出 生 年 份	shēngxiào 生 肖	chūshēng niánfèn 出 生 年 份
shé 蛇	1977 1989 2001 2013	zhū 猪	1983 1995 2007 2019

When in ancient times, in order to make people easily remember the years, our ancestors came up with an idea: use the animals to represent the years. Therefore, when someone asks about the age, one can also answer the zodiac, so that others can indirectly introduce the age. The way to ask about age or zodiac is above.

The Chinese animal signs are a 12-year cycle used for dating the years and a cyclical concept of time.

发音 **Pronunciation**

fāyīn

Pīnyīn guīzé   y hé w de yòngfǎ
拼音规则：y 和 w 的用法
Pinyin rules: The use of "y" and "w"

yùnmǔ 韵母 Final				xiěfǎ 写法 Written Form
yǐ i kāitóu 以 i 开头 beginning with *i*	i	in	ing	yi yin ying
	ia ie iao iang iong			ya ye yao yang yong
	iu			you

	韵母 Final		写法 Written Form
	yùnmǔ		xiěfǎ
	u		wu
以 u 开头 beginning with *u* (yǐ u kāitóu)	ua uo uai uan uang ueng		wa wo wai wan wang weng
	ui	un	wei wen
以 ü 开头 beginning with *ü* (yǐ ü kāitóu)	ü	üe üan ün	yu yue yuan yun

汉字 Hànzì Chinese character

1. 汉字结构
Hànzì jiégòu

Structures of Chinese characters

　　汉字合体字结构形式除了左右结构和上下结构，还有半包围结构（三边），如：风、同、阔、用、画、凶、幽、函、匮、匪、匿、匠等。

Hànzì hétǐ zì jiégòu xíngshì chú le zuǒyòu jiégòu hé shàngxià jiégòu háiyǒu bàn bāowéi jiégòu sān biān rú fēng tóng kuò yòng huà xiōng yōu hán kuì fěi nì jiàng děng

　　如下图所示：
Rú xiàtú suǒshì

 ⊓	风	同	阔	用
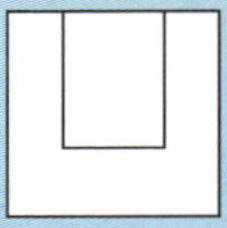 ⊔	画	凶	幽	函

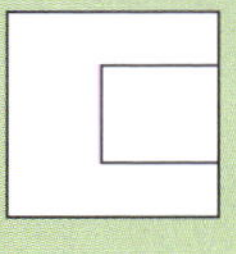	匮	匪	匿	匠

According to the structures of Chinese characters, the combined-type characters also have a semi-enclosed structure (three sides), such as "风、同、阔、用、画、凶、幽、函、匮、匪、匿、匠", and so on.

shì yi shì 试一试 Have a try

Kànkan shàngmian de jiégòu, xuézhe xiě yi xiě
看看上面的结构，学着写一写。
Take a look at the above strokes,try to write them.

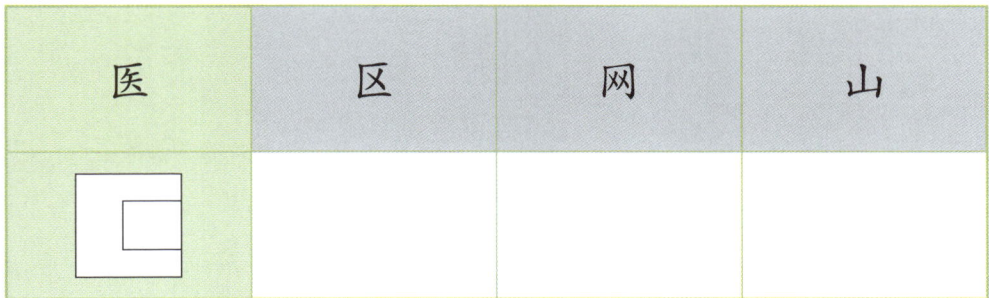

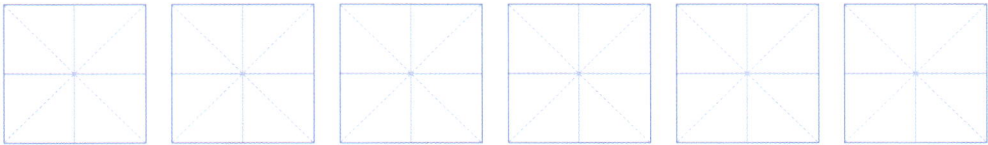

医	区	网	山
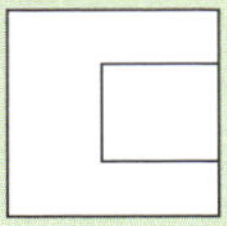			

2. Hànzì bùshǒu 汉字部首

Ra dicals of Chinese characters

Wǔxíng shì Zhōngguó gǔdài de yī zhǒng wùzhìguān, gǔrén rènwéi dàzìrán yóu jīn、mù、shuǐ、huǒ、tǔ wǔ zhǒng yuánsù zǔchéng, bìngqiě xiāngshēngxiāngkè.
五行是中国古代的一种物质观，古人认为大自然由金、木、水、火、土五种元素组成，并且相生相克。

Xiàmian de bùshǒu yǔ Zhōngguó chuántǒng Wǔxíng yǒuguān.
下面的部首与中国传统五行有关。

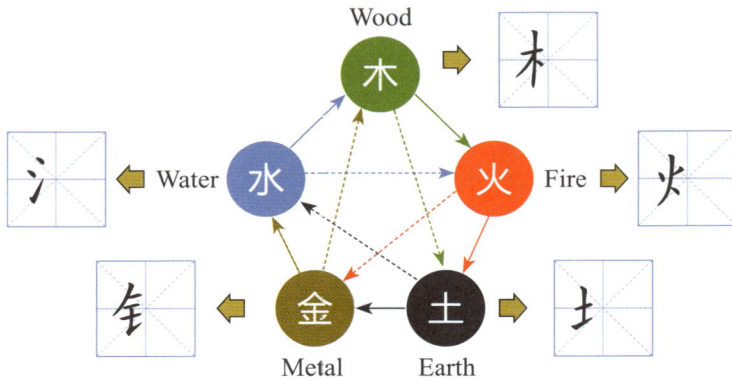

bùshǒu 部 首 Radical	míngchēng 名 称 Name	wèizhì 位 置 Position	yìyì 意 义 Meaning	lìzì 例 字 Examples
钅	jīnzìpáng 金字旁	left side	metal	qián yín 钱 银
木	mùzìpáng 木字旁	left or bottom side	wood or tree	shù zhuō 树 桌
氵	sāndiǎnshuǐ 三点水	left side	liquid	hǎi jiǔ 海 酒
火	huǒzìpáng 火字旁	left side	fire	dēng yān 灯 烟
土	títǔpáng 提土旁	left side	earth or soil	dì chǎng 地 场

Radicals below are related to a Chinese traditional theory named Wu Xing (Five Elements), which are considered as the fundamental components of the universe. They are metal, wood, water, fire, earth. And they symbolized how things interact and relate to each other.

🔷 shì yì shì
试一试 **Have a try**

Kàn lìzì　　xiě chū duìyìng de bùshǒu zhěngtǐ jí bùshǒu bǐhuà
看例字，写出对应的部首整体及部首笔画。
Look at the Chinese characters below and write the corresponding radicals and the strokes of their radicals.

Hànzì 汉字 Chinese character	dì－yī bǐ 第一笔 The first stroke	dì－èr bǐ 第二笔 The second stroke	dì－sān bǐ 第三笔 The third stroke	dì－sì bǐ 第四笔 The fourth stroke	dì－wǔ bǐ 第五笔 The fifth stroke	bù shǒu 部首 Radical
林 (lín)	一	丨	丿	丶		木
汁 (zhī)						
铜 (tóng)						
灯 (dēng)						
地 (dì)						

文化　Culture
wénhuà

农历和中国春节
Nónglì　hé Zhōngguó chūnjié

Lunar Calendar and Spring Festival

农历也叫阴历，中国农历是以月亮的运转来确定的。根据
Nónglì　yě jiào　yīnlì　Zhōngguó nónglì　shì yǐ yuèliàng de yùnzhuǎn lái quèdìng de　Gēnjù

中国农历，新年的开始大约在阳历的 1 月下旬至 2 月上旬之间。
Zhōng guó nónglì　xīnnián de kāishǐ dàyuē zài yánglì de 1 yuè xiàxún zhì 2 yuè shàngxún zhījiān

中国早已开始使用阳历，但是中国的传统节日还是用传统
Zhōng guó zǎoyǐ　kāishǐ shǐyòng yánglì　dànshì Zhōng guó de chuántǒng jiérì　háishì yòng chuántǒng

阴历。
yīnlì

春节是中国人的"新年"，是中国最重要的传统节日。每年
Chūnjié shì Zhōngguórén de　xīnnián　shì Zhōngguó zuì zhòngyào de chuántǒng jiérì　měinián

春节的时候，离家在外的人们都会赶回家中，和亲人一起过
chūnjié de shíhou　líjiā zàiwài de rénmen dōuhuì gǎnhuí jiā zhōng　hé qīnrén yìqǐ guò

春节。大家一起贴春联、放鞭炮、吃饺子、看春晚，高高兴兴地
chūnjié　Dàjiā yìqǐ tiē chūnlián fàng biānpào chī jiǎozi kàn chūnwǎn gāogāoxìngxìng dì

过年。孩子们还可以从长辈那里得到压岁钱。
guònián　Háizimen hái kěyǐ cóng zhǎngbèi nàlǐ dédào yāsuìqián

The Chinese Lunar Calendar is based on the cycle of the moon. In the lunar calendar, the beginning of the year falls somewhere between late January and early February. The Chinese have adopted the Western calendar, but the lunar calendar is still used for festive occasions.

Spring Festival, or the Chinese New Year, is the most important traditional festival in China. Every year during the Spring Festival, people away from home will return home to celebrate the festival with their families. Together they paste antithetical couplets, light off firecrackers, some eat dumplings and watch the Spring Festival Gala happily and cheerfully. Kids can get money from their elders as gift.

shì yi shì
试一试 Have a try

Nǐmen guójiā zuì zhòngyào de jiérì shì shénme
你们国家最重要的节日是什么?
What's the most important festival in your country?

第九课　银行在哪儿

Lesson Nine　Where is the bank

xuéxí mùbiāo
学习目标
Objective

Xuéxí   jīběn   fāngwèicí
1. 学习基本方位词。
Learn basic position words.

Xuéhuì wèn lù
2. 学会问路。
Learn sentences of asking the way to a place.

Gěi xiàmian de Hànyǔ xuǎnzé duìyìng de túpiàn
给下面的汉语选择对应的图片。
Choose the corresponding picture for the Chinese language below.

①

②

③

④

⑤

⑥

| túshūguǎn | gōngyuán | jiànshēnfáng | xuéxiào | dìtiězhàn | yínháng |
图书馆	公园	健身房	学校	地铁站	银行

xiǎng yi xiǎng
想一想 **Think about it**

Nǐ chángcháng qù nǎxiē dìfang
你常常去哪些地方？
Where do you often go?

对话 Dialogue
duìhuà

生词 New words
shēngcí

知道	zhīdào	*v.*	know
哪儿	nǎr	*pron.*	where
图书馆	túshūguǎn	*n.*	library
后边	hòubian	*n.*	back
教学楼	jiàoxuélóu	—	teaching building
去	qù	*v.*	go
健身房	jiànshēnfáng	—	fitness club
体育馆	tǐyùguǎn	*n.*	stadium
锻炼	duànliàn	—	work out
身体	shēntǐ	*n.*	body
里边	lǐbian	*n.*	inside
远	yuǎn	*adj.*	far

1

Nǐ zhīdào túshūguǎn zài nǎr ma
A：你知道图书馆在哪儿吗？
Do you know where the library is?

Túshūguǎn zài jiàoxuélóu de hòubian　Nǐ qù túshūguǎn ma
B：图书馆在教学楼的后边。你去图书馆吗？
The library is behind the school building. Are you going to the library?

A: Shì de Nǐ qù nǎr
是的。你去哪儿?
Yes. Where are you going?

B: Wǒ qù jiànshēnfáng duànliàn shēntǐ
我去健身房锻炼身体。
I am going to the fitness club to work out.

A: Xuéxiào yǒu jiànshēnfáng ma
学校有健身房吗?
Does the school have a fitness club?

B: Yǒu jiànshēnfáng zài tǐyùguǎn de lǐbian
有,健身房在体育馆的里边。
Yes, it is inside the gym.

A: Tǐyùguǎn zài nǎr Yuǎn ma
体育馆在哪儿? 远吗?
Where is the gym? Is it far?

B: Bù yuǎn zài túshūguǎn de zuǒbian
不远,在图书馆的左边。
Not far away, it's on the left of the library.

Nǐ kěyǐ gēnjù shàngshù duìhuà huà chū xuéxiào de dìtú ma
你可以根据上述对话画出学校的地图吗?
Can you draw the school's map according to the dialogue?

北
西 ← → 东
南

生词 New words
shēngcí

地铁站	dìtiězhàn	—	subway station
要	yào	v.	need, want
坐	zuò	v.	sit
商场	shāngchǎng	—	shopping mall
离	lí	prep.	from
怎么	zěnme	—	how
走	zǒu	v.	walk, go
近	jìn	adj.	near
往	wǎng	prep.	towards
从	cóng	prep.	from
到	dào	prep.	to
十字路口	shízì lùkǒu	n.	crossroads
拐	guǎi	v.	turn
一直	yìzhí	adv.	straightly

2

A：你去哪儿？
Nǐ qù nǎr
Where are you going?

B：我去地铁站。我要坐地铁去商场。
Wǒ qù dìtiězhàn   Wǒ yào zuò dìtiě qù shāngchǎng
I am going to the subway station. I need to take the subway to the mall.

A：商场离学校远吗？
Shāngchǎng lí xuéxiào yuǎn ma
Is the mall far from the school?

B：
Yuǎn 。 Yào zuò shíwǔ zhàn 。 Nǐ ne ？ Nǐ qù nǎr ？
远。要坐十五站。你呢？你去哪儿？
Far. I have to sit for fifteen stops. What about you? Where are you going?

A：
Wǒ yào qù yínháng 。 Nǐ zhīdào qù yínháng zěnme zǒu ma ？
我要去银行。你知道去银行怎么走吗？
I want to go to the bank. Do you know how to get to the bank?

B：
Yínháng lí xuéxiào hěn jìn ， Cóng zhèr yìzhí wǎngqián zǒu ， dào shízì lùkǒu wǎng yòu guǎi 。
银行离学校很近，从这儿一直往前走，到十字路口往右拐。
The bank is very close to the school.
Go straight ahead from here and turn
right at the crossroads.

A：
Hǎo de ， xièxie 。
好的，谢谢。
Okay, thank you.

B：
Búkèqi 。
不客气。
You are welcome.

Nǐ néng shuō yi shuō bùtóng jiāotōng gōngjù de yōu quē diǎn ma
你能说一说不同交通工具的优缺点吗？
Can you talk about the advantages and disadvantages of different vehicles?

1. fāngwèicí
方位词

Position words

Cháng jiàn de fāngwèicí rú xiàbiǎo suǒshì
（1）常见的方位词如下表所示。
Common position words are shown in the figure below.

qián 前 front	zuǒ 左 left	shàng 上 up	lǐ 里 inside
hòu 后 back	yòu 右 right	xià 下 down	wài 外 outside

续表

dōng 东 east	xī 西 west	nán 南 south	běi 北 north

Biān　　miàn　jiā zài shàngshù de dān yīnjié　fāngwèicí　zhīhòu gòuchéng shuāng yīnjié
"边" / "面" 加在上述的单音节方位词之后构成双音节

fāngwèicí　Bǐrú
方位词。比如：

"边" / "面" is often placed after the above words to form two-syllable words. For example:

Zhè zhī māo zài　lǐbian　　lǐmian
这只猫在里边 / 里面。
This cat is in the box.

Nà zhāng zhuōzi zài shāfā yòubian　　yòumian
那张桌子在沙发右边 / 右面。
That table is on the right side of the sofa.

Nǐ de niúnǎi zài zhuōzi shàngbian shàngmian
你的牛奶在桌子上边 / 上面。
Your milk is on the table.

Qítā　fāngwèicí
（2）其他方位词。
Other position words.

pángbiān 旁边 beside	duìmiàn 对面 opposite
zhōngjiān 中间 middle	fùjìn 附近 nearby

（3）可以在方位词前面加其他名词描述一个更具体的方位。
Kěyǐ zài fāngwèicí qiánmiàn jiā qítā míngcí miáoshù yí gè gèng jùtǐ de fāngwèi

It is allowed to add other nouns before position words to describe a more specific location.

tǐyùguǎn lǐbian 体育馆里边	inside the stadium
xuéxiào pángbiān 学校旁边	beside the school
dìtiězhàn dōngbian 地铁站东边	subway station's east side
sùshè wàimian 宿舍外面	outside the dormitory
chāoshì fùjìn 超市附近	near the supermarket
lǎoshī zuǒbian 老师左边	the left side of the teacher

2. 介词"离""从""往"
jiècí lí cóng wǎng

Preposition "离""从" and "往"

介词"离""从""往"都可以后加名词形成介词短语，做句子的状语。
Jiècí lí cóng wǎng dōu kěyǐ hòu jiā míngcí xíngchéng jiècí duǎnyǔ zuò jùzi de zhuàngyǔ

The preposition "离""从" and "往" can all be used with their objects to form preposition-object phrases, functioning as the adverbial modifier of the sentence.

"离" + 表示方位的名词或短语，表示距离。
lí biǎoshì fāngwèi de míngcí huò duǎnyǔ biǎoshì jùlí

"离" + location word: indicating distance.

Běijīng lí Shànghǎi hěn yuǎn 北京离上海很远。	Beijing is far away from Shanghai.
dìtiězhàn lí xuéxiào yuǎn ma 地铁站离学校远吗？	Is the subway station far from the school?
Chāoshì lí zhèr hěn jìn 超市离这儿很近。	The supermarket is near here.

"从" + 表示地点或时间的名词、短语，表示动作的起始点。
Cóng biǎoshì dìdiǎn huò shíjiān de míngcí duǎnyǔ biǎoshì dòngzuò de qǐshǐ diǎn

"从" + location word/place word/temporal word: indicating the starting point of an action.

Cóng zhèr yìzhí wǎng nán zǒu 从这儿一直往南走。	Walk south from here.
Cóng xuéxiào dào dìtiě zhàn hěn jìn 从学校到地铁站很近。	It is very close from school to subway station.
Cóng zhèr dào chāoshì yào 20 fēnzhōng 从这儿到超市要20分钟。	It takes 20 minutes from here to the supermarket.

"往" + 表示方位的名词或短语，表示方向。
wǎng biǎoshì fāngwèi de míngcí huò duǎnyǔ biǎoshì fāngxiàng

"往" + location word: indicating direction.

Nǐ dào shízì lùkǒu wǎng yòu guǎi 你到十字路口往右拐。	Go to the crossroad and turn right.
Nǐ dào lùkǒu wǎng zuǒbian zǒu 你到路口往左边走。	Go to the left at the intersection.
Yì zhí wǎng nán zǒu 一直往南走。	Go straight south.

3. "怎么"的问句
zěnme de wèn jù

Questions with the interrogative pronoun "怎么"

疑问代词"怎么"的问句用于询问行为和行为的方式。它作为
Yíwèn dàicí zěnme de wènjù yòngyú xúnwèn xíngwéi hé xíngwéi de fāngshì Tā zuòwéi

句子的状语修饰语，应该放在谓语之前。
jùzi de zhuàngyǔ xiūshì yǔ yīnggāi fàng zài wèiyǔ zhīqián

Questions with the interrogative pronoun "怎么" are used to ask about an action and the manner of the act. "怎么" functions as the adverbial modifier of the sentence and should be placed before the predicate.

qù xuéxiào 去学校			zǒu 走
zhè bù cídiǎn 这部词典	zěnme 怎么		yòng 用
jiǎozi 饺子			zuò 做
elevator			shuō 说

4. "你知道……吗?" 句型
nǐ zhīdào ma

Sentence pattern "Do you know…?"

Zhè shì xiàng duìfāng xúnwèn de wèntí xíngshì   jùtǐ de xúnwèn nèiróng fàng zài   nǐ zhīdào
这是向对方询问的问题形式,具体的询问内容放在"你知道"
hé ma zhījiān
和"吗"之间。

This is a form of question, and the specific inquiry content is placed between "你知道" and "吗".

Nǐ zhīdào 你知道	jīntiān xīngqī jǐ 今天星期几	ma 吗?
	tā zhù nǎr 她住哪儿	
	tā jiào shénme míngzi 他叫什么名字	
	tā de shǒujī hàomǎ shì duōshao 他的手机号码是多少	

续表

Hànzì jiégòu
1. 汉字结构

Structures of Chinese characters

Hànzì chúle zuǒyòu jiégòu shàngxià jiégòu hé bàn bāowéi jiégòu háiyǒu quán bāowéi
汉字除了左右结构、上下结构和半包围结构，还有全包围

jiégòu rú yīn tú tuán kùn děng Rú xiàtú suǒshì
结构。如：因、图、团、困等。如下图所示：

□	因	图	团	困

Except the left-right structure, up-down structure and half-enclosure structure.
There is also fully enclosed structure, such as: "因、图、团、困", and so on.

shì yi shì
试一试 **Have a try**

Kànkan shàngmian de jiégòu xuézhe xiě yi xiě
看看上面的结构，学着写一写。
Take a look at the above strokes,try to write them.

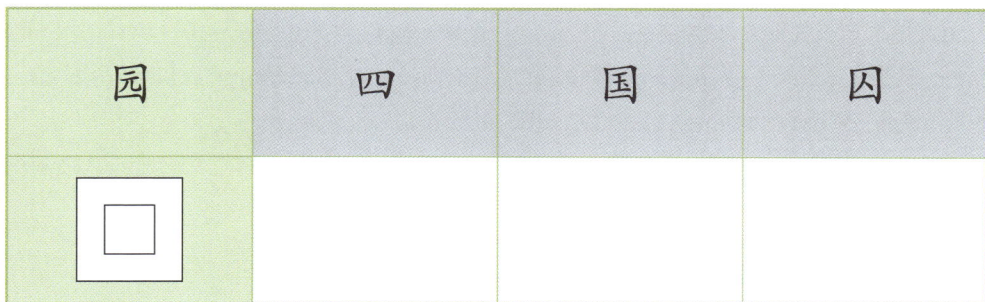

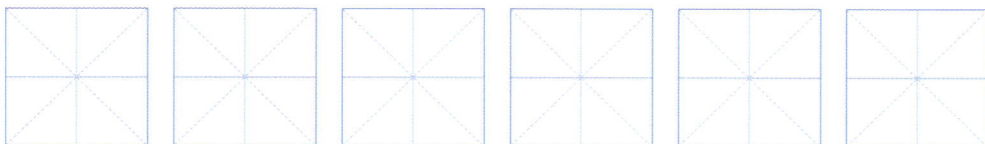

园	四	国	囚
□			

Hànzì bùshǒu
2. 汉字部首

Radicals of Chinese characters

Hànzì bùshǒu zhōng yìxiē biǎo yì de bùshǒu tōngcháng yǒu zìjǐ de yuánshǐ hányì kěyǐ
汉字部首中一些表义的部首通常有自己的原始含义，可以

tōngguò liǎojiě bùshǒu de hányì jìnér zhīdào gāi Hànzì de xiāngguān yìyì Lìrú bìngzì
通过了解部首的含义进而知道该汉字的相关意义。例如："病字

tóu biǎoshì yǔ shēngbìng téngtòngyǒuguān de yìyì guǎngzì tóu biǎoshì yǔ fángwū yǒuguān de
头"表示与生病、疼痛有关的意义；"广字头"表示与房屋有关的

yìyì chǎngzìtóu biǎoshì yǔ fángzi xuányá yǒuguān de yìyì
意义；"厂字头"表示与房子、悬崖有关的意义。

bùshǒu 部首 Radical	míngchēng 名称 Name	wèizhì 位置 Position	yìyì 意义 Meaning	lìzì 例字 Examples	
疒	bìngzìtóu 病字头	left circle	something related to sick	bìng 病	chuāng 疮
广	guǎngzìtóu 广字头	left circle	something related to house	tíng 庭	fǔ 府
厂	chǎngzìtóu 厂字头	left circle	something related to cliff or house	hòu 厚	yuán 原

Some radicals that express meaning in Chinese character radicals usually have their own original meanings. You can know some meanings of related Chinese characters by understanding the meaning of this radical. For example, 疒 represents the meaning related to illness and pain; 广 represents the meaning related to house; 厂 represents the meaning related to cliff or house.

shì yi shì 试一试 Have a try

Kàn lìzì xiě chū duìyìng de bùshǒu zhěngtǐ jí bùshǒu bǐhuà
看例字，写出对应的部首整体及部首笔画。
Look at the Chinese characters below and write the corresponding radicals and the strokes of their radicals.

汉字 Hànzì Chinese character	第一笔 dì-yī bǐ The first stroke	第二笔 dì-èr bǐ The second stroke	第三笔 dì-sān bǐ The third stroke	第四笔 dì-sì bǐ The fourth stroke	第五笔 dì-wǔ bǐ The fifth stroke	部首 bùshǒu Radical
庆（qìng）	丶	一	丿			广
压（yā）						
疯（fēng）						
庇（bì）						
厌（yàn）						

文化 wénhuà Culture

中国古代方位礼仪
Zhōngguó gǔdài fāngwèi lǐyí

Etiquette of orientation in ancient China

Zhōngguó lǐyí fēicháng jiǎngjiū fāngwèi zài shèjiāo chǎnghé yídìng yào zhùyì fāngwèi zhī lǐ
中国礼仪非常讲究方位，在社交场合，一定要注意方位之礼。

（1）南北 nán běi

Gǔdài yǐ zuò běi cháo nán wéi zūn wèi Gǔdài jūn jiàn chén zūnzhǎng jiàn bēi yòu nán miàn
古代以坐北朝南为尊位。古代君见臣，尊长见卑幼，南面
ér zuò
而坐。

（2）东西 dōng xī

Dōng yǐnshēn yǒu zhǔrén zhī yì Zhǔrén zhī wèi zài dōng kè wèi zài xī suǒyǐ zhǔrén
东，引申有主人之义。主人之位在东，客位在西，所以主人
chēngdōng Lìrú gǔdōng fángdōng Gǔdài bīn zhǔ xiāng jiàn yǐ xī wéi zūn zhǔ dōng ér
称东。例如：股东、房东。古代宾主相见，以西为尊，主东而

bīn xī
宾西。

（3）zuǒ yòu
左右

Zuǒyòu de zūnbēi　lìdài　yǒu suǒ bùtóng　Zhídào yuáncháo mònián　shàng yǐ yòu wéi zūn
左右的尊卑历代有所不同。直到元朝末年，尚以右为尊。

Chinese etiquette pays attention to orientation, so in social situations, we must pay attention to orientation etiquette.

(1) North and South

In ancient times, the seat of honor was to sit north and face south. In ancient times, the emperor met the ministers, and the elders met the servants and children. They sat in the south.

(2) East and West

East, by extension, has the meaning of the master. The host usually sits in the east and the guests in the west, so the host is called dong. For example, 股东 (shareholders), 房东 (landlords). In ancient times, the host and the guest met, and the west is the respected direction, so the host sits on the east side and the guests sit on the west side.

(3) Left and Right

The degrees of honor and inferiority represented by the left and right sides are different in different dynasties. Until the end of the Yuan Dynasty, the right side is still considered to represent the noble side.

shì yi shì 试一试 Have a try

Nǐmen guójiā yǒu shénme yàng de fāngwèi lǐyí
你们国家有什么样的方位礼仪？
What kind of etiquette of orientation does your country have?

xuéxí mùbiāo
学习目标
Objective

Xuéxí qián shù de biǎodá
1. 学习钱数的表达。
Learn the expression of money.

Xuéxí wèn jià hé huídá
2. 学习问价和回答。
Learn the Q&A of asking price.

rèshēn 热身　Warm up

Gěi xiàmian de xuǎnzé duìyìng de túpiàn
给下面的选择对应的图片。
Choose the corresponding picture for the Chinese language below.

①

②

③

④

⑤

⑥

jiǔ 酒	píngguǒ 苹果	miànbāo 面包	jiǎozi 饺子	chá 茶	xīguā 西瓜

xiǎng yi xiǎng 想一想　Think about it

Nǐ zuìjìn mǎile shénme dōngxi
你最近买了什么东西？
What have you bought recently?

对话 Dialogue
duìhuà

生词 New words
shēngcí

嘿	hēi	*int.*	hey
咖啡	kāfēi	*n.*	coffee
店	diàn	*n.*	shop
想	xiǎng	*v.*	want
买	mǎi	*v.*	buy
杯	bēi	*n.*	cup
然后	ránhòu	*conj.*	then
回	huí	—	go back
现在	xiànzài	*n.*	now
可以	kěyǐ	*aux.*	can, could
帮	bāng	*v.*	help
奶茶	nǎichá	*n.*	bubble tea
没问题	méi wèntí	—	no problem

1

A: 嘿！你去哪儿啊？
   Hēi Nǐ qù nǎr a
Hey! Where are you going?

B: 我去咖啡店，我想买一杯咖啡，然后回
   Wǒ qù kāfēi diàn wǒ xiǎng mǎi yì bēi kāfēi ránhòu huí
宿舍。你呢？
sùshè Nǐ ne
I am going to the coffee shop, I want to buy a cup
of coffee, and then go back to the dorm. And you?

119

Wǒ xiànzài huí sùshè　　Nǐ　kěyǐ　bāng wǒ mǎi　yì　bēi　nǎichá ma
A: 我现在回宿舍。你可以帮我买一杯奶茶吗？

I am going back to the dorm now. Can you bring me a cup of bubble tea?

Méi　wèntí
B: 没问题！

No problem!

Tāmen　fēnbié　yào mǎi shénme　yǐnliào　　Nǐ　hái　zhīdào　nǎ　xiē　yǐnliào
他们分别要买什么饮料？ 你还知道哪些饮料？

What kind of drinks do they want to buy? What other drinks do you know?

shēngcí
生词 New words

喝	hē	v.	drink
一点儿	yìdiǎnr	—	a little
还	hái	adv.	else, still
需要	xūyào	v.	need
热	rè	adj.	hot
加	jiā	v.	add
冰块	bīngkuài	n.	ice cube
元	yuán	n.	a unit of RMB
钱	qián	n.	money
一共	yígòng	adv.	totally

2

A: ^{Nín hǎo   qǐngwèn nín hē diǎnr shénme}
您好，请问您喝点儿什么？
Hello，what would you like to drink?

B: ^{Wǒ yào yì bēi kāfēi hé yì bēi nǎichá}
我要一杯咖啡和一杯奶茶。
I want a cup of coffee and a cup of bubble tea.

A: ^{Hǎo de   Hái xūyào bié de ma}
好的。还需要别的吗？
Okay. Anything else?

B: ^{Jīntiān yǒu diǎnr rè   jiā diǎnr bīngkuài   xièxie   Duōshaoqián}
今天有点儿热，加点儿冰块，谢谢！多少钱？
It's a bit hot today, add some ice cubes, thank you! How much?

A: ^{Hǎo de   Yì bēi kāfēi 32 yuán   yì bēi nǎichá 15 yuán   yígòng   47 yuán}
好的！一杯咖啡32元，一杯奶茶15元，一共47元。
Sure! A cup of coffee is 32 yuan, a cup of bubble tea is 15 yuan, a total of 47 yuan.

^{Nǐ zhīdào zěnme yòng Hànyǔ shuō yí jiàn wùpǐn de   jiàgé ma}
你知道怎么用汉语说一件物品的价格吗？
Do you know how to say the price of an item in Chinese?

---

^{zhùshì} 注释 Notes

^{qián shù de biǎodá} 1. 钱数的表达

The expressions of money

^{Rénmínbì shì Zhōnghuá Rénmín Gònghéguó de fǎdìng huòbì   Zhōngguó Rénmín Yínháng shì guójiā}
人民币是中华人民共和国的法定货币，中国人民银行是国家

^{guǎnlǐ Rénmínbì de zhǔguǎn jīguān   fùzé Rénmínbì de shèjì   yìnzhì hé fāxíng}
管理人民币的主管机关，负责人民币的设计、印制和发行。

^{Rénmínbì de dānwèi wéi yuán   Rénmínbì de fǔbì dānwèi wéi jiǎo   fēn   1 yuán děngyú}
人民币的单位为元，人民币的辅币单位为角、分。1元等于

^{10 jiǎo   1 jiǎo děngyú 10 fēn   Rénmínbì fúhào wéi yuán de pīnyīn shǒu zìmǔ dàxiě Y jiā}
10角，1角等于10分。人民币符号为元的拼音首字母大写Y加

^{shànɡliǎnɡhénɡ   jí}
上两横，即"￥"。

Zài kǒuyǔ lǐ wǒmen chángcháng bǎ yuán jiǎo fēn jiàozuò kuài máo fēn
在口语里，我们常常把元、角、分叫作块、毛、分。

Lìrú 例如	¥1.00	¥0.10	¥0.01
kǒuyǔ 口语 spoken language	kuài 1块	máo 1毛	fēn 1分
shūmiànyǔ 书面语 written language	yuán 1元	jiǎo 1角	fēn 1分

The RMB is the legal currency of the People's Republic of China, and the People's Bank of China is the country's competent authority for RMB management, responsible for the design, printing and issuance of the RMB.

The unit of RMB is yuan, and the sub-currency unit of RMB is jiao and fen. One yuan is equal to 10 jiao, and one jiao is equal to 10 fen. The international symbol of the RMB is "¥" which is from yuan, the unit of RMB, this is , capital Y plus two horizontal lines.

In spoken language, we often call yuan, jiao, and fen as kuai, mao, and fen.

Jùtǐ dúyīn rúxià suǒ shì
具体读音如下所示：

The specific pronunciationsare shown in the following examples:

kǒuyǔ 口语 spoken language	¥108.70	yì bǎi líng bā kuài qī máo 一百零八块七（毛）
	¥520.93	wǔ bǎi èrshí kuài jiǔ máo sān fēn 五百二十块九毛三（分）
shūmiànyǔ 书面语 written language	¥46.00	sìshíliù yuán 四十六元
	¥99.15	jiǔshíjiǔ yuán yì jiǎo wǔ fēn 九十九元一角五分

2. "有点儿"和"一点儿"
"有点儿" and "一点儿"

汉语"有点儿"，用在形容词或者心理动词前面，表示程度不高，一般表示不如意的事情，比如：

有点儿 +*adj.*/*psy-v.*	
这台电脑有点儿贵。	This computer is a bit expensive.
他有点儿生气。	He was a little angry.
汉语有点儿难。	Chinese Language is a bit difficult.

"一点儿"常用在以下两种情况中："动词＋一点儿＋名词"和"形容词＋一点儿"。这里的"一"都是可以省略的，意义不变。

"动词＋一点儿＋名词"中的"一点儿"表示名词的数量是少量，这里动词根据上下文也是可以省略的。

"形容词＋一点儿"用在有比较意义的句子里，表示程度有差别。例如：

动词＋（一）点儿（＋名词）	形容词＋（一）点儿
明天来家喝点儿茶吧。 Come to my house for some tea tomorrow.	快点儿，我们要迟到了！ Hurry up, we are going to be late.

续表

动词＋（一）点儿（＋名词）	形容词＋（一）点儿
Cài tài dàn le　　jiā diǎnr yán 菜太淡了，加点儿盐。 This dish is too weak, add some salt.	Zhège piányi yìdiǎnr　nàge gèng guì 这个便宜一点儿，那个更贵。 This one is cheaper, that one is more expensive.
Jiāli méi shuǐguǒ le　wǒ qù mǎi diǎnr 家里没水果了，我去买点儿。 There is no fruit at home, I'll go to buy some fruit.	Nǐ jīntiān shēntǐ hǎo diǎnr le ma 你今天身体好点儿了吗？ Are you getting better today?

"有点儿", used in front of adjectives or psychological verbs, indicating the degree is not high, and indicating unsatisfactory things.

"一点儿" often used in the following two situations: "v.+一点儿+n." 和 "adj.+一点儿".

The "一" here can be omitted, and the meaning remains the same.

The structure "v.+一点儿+n.", it means that the number of the noun is a small amount, where this "n." can also be omitted depending on the context.

The structure "adj.+（一）点儿" is used in a sentence indicating a comparative meaning. It indicates a slight difference in degree.

3. 价格的询问方式
jiàgé de xúnwèn fāngshì

The way to ask prices

Gòuwù huò liáotiān de shíhou　wǒmen chángcháng xūyào xúnwèn wùpǐn de jiàgé　Yìbān
购物或聊天的时候，我们常常需要询问物品的价格。一般
shǐyòng míngcí duōshao qián lái xúnwèn rúguǒ gòumǎi de shì xūyào chēngzhòng huòzhě yǒu
使用"名词＋多少钱"来询问，如果购买的是需要称重或者有
tèdìng liàngcí de shǐyòng míngcí duōshao qián shùliàng Jiǎndān lái shuō bùguǎn mǎi
特定量词的，使用"名词＋多少钱＋数量"。简单来说，不管买
shénme dōu kěyǐ shǐyòng míngcí zěnme mài zhèzhǒng fāngshì xúnwèn jiàgé
什么，都可以使用"名词＋怎么卖"这种方式询问价格。
Xúnwèn jiàgé de fāngshì yìbān yǒu yǐxià liǎngzhǒng
询问价格的方式一般有以下两种：

míngcí duōshaoqián shùliàng 名词＋多少钱（＋数量）	míngcí zěnme mài 名词＋怎么卖
Zhè jiàn yīfu duōshaoqián 这件衣服多少钱？ How much is this shirt?	Zhè jiàn yīfu zěnme mài 这件衣服怎么卖？ How much is this shirt?
Zhè zhǒng píngguǒ duōshaoqián yì jīn 这种苹果多少钱一斤？ How much is the apple erery 500g?	Zhè zhǒng píngguǒ zěnme mài 这种苹果怎么卖？ How much is the apple erery 500g?

When shopping or chatting, we often need to ask about the price of an item. Generally speaking, directly use "*n.*＋多少钱" to ask. If the purchase needs to be weighed or has a specific quantifier, use "*n.*＋多少钱＋quantity". Simply, no matter what you buy, you can use the "*n.*＋how to sell" structure to ask for the price.

汉字 Chinese character
Hànzì

1. 汉字结构
Hànzì jiégòu

Structures of Chinese characters

Hànzì chúle zuǒyòu jiégòu shàngxià jiégòu bàn bāowéi jiégòu hé bāowéi jiégòu
汉字除了左右结构、上下结构、半包围结构和包围结构，
háiyǒu duìchèn jiégòu Rú lì chéng shuǎng è děng kàn xiàtú suǒshì
还有对称结构。如丽、乘、爽、噩等，看下图所示。

Except the structure patterns: left-right structure, up-down structure, half-enclosure structureand fully enclosed structure. There is also symmetrical structure, such as "丽，乘，爽，噩", and so on.

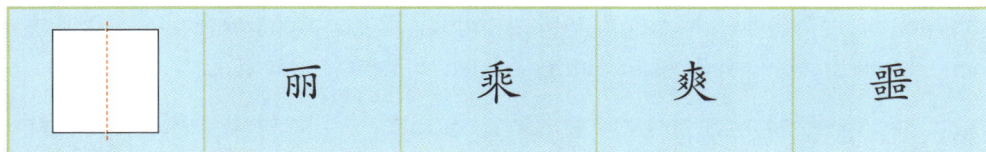

	丽	乘	爽	噩

试一试 Have a try
shì yi shì

Kànkan shàngmian de jiégòu xuézhe xiě yi xiě
看看上面的结构，学着写一写。

Take a look at the above strokes, try to write them.

丽	巫	乖	鼎

2. 汉字部首
Hànzì bùshǒu

Radicals of Chinese Characters

Hànzì bùshǒu zhōng yǒu yìxiē bùshǒu shì yóu yí gè dú lì de Hànzì zhuǎnhuà ér lái de
汉字部首中有一些部首是由一个独立的汉字转化而来的，

lìrú Hànzì xīn yǒu liǎngzhǒng bùshǒu xíngshì fēnbié shì xīnzìdǐ shùxīn
例如：汉字"心"，有两种部首形式，分别是"心字底"和"竖心

páng dōu biǎoshì yǔ xīnlǐ huódòng yǒuguān de yìyì
旁"，都表示与心理活动有关的意义。

Some of the radicals of Chinese characters are transformed from an independent Chinese character. For example, Chinese character "心" has two radical forms, which express meanings related to mental activities.

bùshǒu 部首 Radical	míngchēng 名称 Name	wèizhì 位置 Position	yìyì 意义 Meaning	lìzì 例字 Examples
心	xīnzìdǐ 心字底	bottom	something related to heart	niàn sī 念 思

续表

bùshǒu 部首 Radical	míngchēng 名 称 Name	wèizhì 位置 Position	yìyì 意义 Meaning	lìzì 例字 Examples
忄	shùxīnpáng 竖心旁	left side	something related to emotions	qíng yì 情　忆

🍀 shì yi shì 试一试 Have a try

Kàn lìzì xiě chū duìyìng de bùshǒu zhěngtǐ jí bùshǒu bǐhuà
看例字，写出对应的部首整体及部首笔画。
Look at the Chinese characters below and write the corresponding radicals and the strokes of their radicals.

Hànzì 汉字 Chinese character	dì–yī bǐ 第一笔 The first stroke	dì–èr bǐ 第二笔 The second stroke	dì–sān bǐ 第三笔 The third stroke	dì–sì bǐ 第四笔 The fourth stroke	bù shǒu 部首 Radical
怕（pà）	丶	丶	丨		忄
忘（wàng）					
急（jí）					
怯（qiè）					
忠（zhōng）					

127

wénhuà
文化 Culture

Zhōngguó de "Sì Dà Fāmíng"
中国的"四大发明"

China's "Four Great Inventions"

Sì Dà Fāmíng shì Zhōngguó gǔdài chuàngxīn de zhìhuì chéngguǒ hé kēxué jìshù bāokuò
"四大发明"是中国古代创新的智慧成果和科学技术，包括

zàozhǐ shù zhǐnánzhēn huǒyào yìnshuāshù Sì Dà Fāmíng de shuōfǎ yuánzì Yīngguó
造纸术、指南针、火药、印刷术。"四大发明"的说法源自英国

Hànxuéjiā Lǐ Yuēsè Sì zhǒng fāmíng duì Zhōngguó gǔdài de zhèngzhì jīngjì wénhuà de
汉学家李约瑟。四种发明对中国古代的政治、经济、文化的

fāzhǎn chǎnshēng le jùdà de tuīdòng zuòyòng jīng gè zhǒng tújìng chuán zhì xīfāng duì shìjiè
发展产生了巨大的推动作用，经各种途径传至西方，对世界

wénmíng fāzhǎnshǐ chǎnshēng jùdà de yǐngxiǎnglì
文明发展史产生巨大的影响力。

nián yuè láizì yídài yílù yánxiàn de guó qīngnián píngxuǎn chū
2017 年 5 月，来自"一带一路"沿线的20国青年评选出

Zhōngguó de   xīn Sì Dà Fāmíng   wǎnggòu   sǎo mǎ zhīfù   gāotiě hé gòngxiǎng dānchē
中国的"新四大发明"——网购、扫码支付、高铁和共享单车。

The Four Great Inventions are the wisdom and science and technology of ancient Chinese innovation, including paper-making, compass, gunpowder and printing. The way of saying the four great inventions originated from the British sinologist J. Needham. The four inventions greatly promoted the development of politics, economy, and culture in ancient China. They were spread to the West through various channels and exerted a huge influence on the history of world civilization.

In May 2017, young people from 20 countries along "the Belt and Road" selected the "Four New Inventions of China": high-speed rail, QR code payment, bicycle sharing and online shopping.

shì yi shì
试一试 Have a try

Nǐ tǐyàn guò zhèxiē Zhōngguó de   xīn Sì Dà Fāmíng   ma
你体验过这些中国的"新四大发明"吗?
Have you experienced the "Four New Inventions of China"?

xīn Sì Dà Fāmíng 新四大发明 Four New Inventions of China	tǐyàn guò　méi tǐyàn guò 体验过 / 没体验过 Have you experienced it?	nǐ de gǎnshòu 你的感受 What do you think of it?

第一课　你好，汉语
Lesson One　Hello, Chinese

一、朗读"a o e i u ü"的四个声调

Read the four tones of "a o e i u ü".

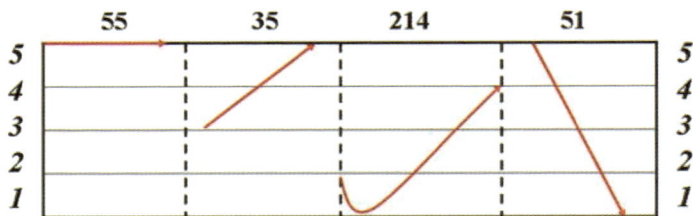

ā	á	ǎ	à
ō	ó	ǒ	ò
ē	é	ě	è
ī	í	ǐ	ì
ū	ú	ǔ	ù
ǖ	ǘ	ǚ	ǜ

二、教师读，学生标注声调

Teacher reads the words, students give the tones' marks.

	马 ma		饭 fan
	喝 he		钱 qian
	糖 tang		唱 chang

133

续表

	笑 xiao		水 shui
爱 ai		爸 ba
	猫 mao		门 men
	油 you		狗 gou

sān　Shǔ yi shǔ xiàmian Hànzì de bǐhuà　bìng bǎ tāmen cóng bǐhuà biǎo
三、数一数下面汉字的笔画，并把它们从笔画表
zhōng zhǎo chūlái
中 找出来

Count these characters strokes and find them from the stroke shelves please.

1	11	12	13	14	15	16
一	乛	乙	乛	乙	乀	乙

2	21	22	23	24	25	17
3	31	32			26	18
4					27	19
5						20
6	7	8	9			

你好

Character	1st	2nd	3rd	4th	5th	6th	7th	8th	9th	Total
你	3	2	3	11	22	3	5			7
好										
汉										
语										

四、猜一猜，他们在说什么
sì　Cāi yi cāi　tāmen zài shuō shénme

Guess what are they talking?

A: _____!

B: _____!

A: _____!

B: _____!

想一想　Think about it
xiǎng yi xiǎng

Zài nǐ de guójiā　nǐ shì zěnme dǎzhāohu de
在你的国家，你是怎么打招呼的？

How do you greet each other in your country?

第二课　你叫什么名字

Dì – èr kè　　Nǐ jiào shénme míngzi

Lesson Two　What is your name

一、说 一 说 他们的 姓 名，写出他们的姓

yī　Shuō yi shuō tāmen de xìngmíng　xiě chū tāmen de xìng

Read their names and write down their family names.

①

②

③

④

⑤

⑥

Lǐ Xiǎolóng 李 小 龙	Dèng Lìjūn 邓 丽 君	Léi Fēng 雷 锋	Liú Chángchūn 刘 长 春	Zhāng Zhòngjǐng 张 仲 景	Qián Xuésēn 钱 学 森
⑥					

二、教师读，学生标注声调
èr Jiàoshī dú xuéshēng biāozhù shēngdiào

Teacher reads the words, students give the tones' marks.

ba	mi	fu	bi	fa
pa	fei	pi	mo	pu
ma	bo	mu	po	bu

三、两人一组，互相问一下对方的姓名
sān Liǎngrén yì zǔ hùxiāng wèn yíxià duìfāng de xìngmíng

Ask each other's names in pairs.

问 (wèn)	答 (dá)
你叫什么名字？ (Nǐ jiào shénme míngzi)	我叫＿＿＿＿＿＿＿＿＿＿＿。 (Wǒ jiào)
你姓什么？ (Nǐ xìng shénme)	我姓＿＿＿＿＿＿＿＿＿＿＿。 (Wǒ xìng)

四、猜一猜，他们在说什么
sì Cāi yi cāi tāmen zài shuō shénme

Guess what are they talking?

A: ＿＿＿＿＿＿＿＿＿＿＿＿＿。

B: ＿＿＿＿＿＿＿＿＿＿＿＿＿。

A: _____ 。

B: _____ 。

wǔ   Měi zǔ àn rénshù gěi xiāngyìng de biāozhù pīnyīn de xìngmíng kǎpiàn
五、每组按人数给相应的标注拼音的姓名卡片。
xuéshēng fēn chéng zhìshǎo sān rén yì zǔ   xuéshēng hùxiāng wèn xìngmíng
学生分成至少三人一组，学生互相问姓名

The teacher gives everyone a card with one Chinese name like the below, and the team of at least 3 students ask each other the full name and the family name in Chinese.

Wáng Lì 王力	Zhāng Yùtíng 张玉婷
Dīng Rénjiā 丁仁家	Lǐ Lèlè 李乐乐
Chén Dàfā 陈大发	Hán Jiārén 韩佳人
Liú Fēi 刘菲	Wú Xiǎodān 吴小丹
Jiāng Yīshān 江一山	Zhào Fēi 赵飞

liù　Jiàoshī fēn zǔ　bìng gěi měi zǔ chéngyuán wǔ gè Hànzì　xiǎozǔ fēngōng
六、教师分组，并给每组成 员 五个汉字，小组分工
hézuò　wǔ fēnzhōng hòu kàn nǎ zǔ chéngyuán kěyǐ shuàixiān wánchéng tīngxiě
合作，五分钟后看哪组成 员可以率先完成听写

The teacher gives every team five characters in the table below. Work in groups to see which group can take the lead in completing the dictation task in 5 minutes.

什 shén	他 tā	叫 jiào	大 dà	我 wǒ
字 zì	家 jiā	名 míng	姓 xìng	么 me

qī　Xiě chū nǐ tīngdào de shēngmǔ huò yùnmǔ
七、写出你听到的声 母 或韵母

Listen and write out the initial or final you hear.

____a	____ei	d____	l____
m____	____ui	____e	____o
____u	t____	____i	____u
f____	n____	p____	____ai

第三课　你是哪国人
Lesson Three　Which country are you from

yī　　Nǐ rènshi zhèxiē guójiā ma　　Qǐng zhǎo chū duìyìng de túpiàn xùhào
一、你认识这些国家吗？请找出对应的图片序号，
shuō yi shuō zhèxiē guójiā de hànyǔ míngchēng
说一说这些国家的汉语名称

Do you know these countries? Find out their pictures and say the countries in Chinese.

①

②

③

④

⑤

⑥

Zhōngguó 中国	Bǐlìshí 比利时	Yīngguó 英国	Fǎguó 法国	Yìndù 印度	Xībānyá 西班牙
①					

141

èr Jiàoshī dú xuéshēng biāozhù shēngdiào
二、教师读，学生标注声调

Teacher reads the words, students give the tones' marks.

dai	lai	dui	ta	lao	la	mai
lei	nu	pi	mei	pai	pei	ni
nai	tai	bai	na	tui	lu	fei

sān Jiàoshī bǎ xuéshēng fēn chéng A B liǎng zǔ A zǔ āizhe jiàoshì
三、教师把学生分成 A、B 两组，A 组挨着教室
qiáng zhàn B zǔ yīcì duìyìng bìng zǒu dào měi yí gè A zǔ tóngxué wèizhì
墙站，B 组依次对应并走到每一个 A 组同学位置
hùxiāng wèn yíxià duìfāng de guójiā
互相问一下对方的国家

Teacher puts students into team A and team B, team A stands by the wall in the classroom, team B goes to every member of team A and ask each other's countries names in pairs.

wèn 问	dá 答
Nǐ shì nǎ guó rén 你是哪国人？	Wǒ shì 我是_____。
Nǐ shì _____ rén ma 你是_____人吗？	Wǒ shì _____ rén 我是_____人。

四、猜一猜，他们在说 什么

Guess what are they talking?

A: _____ 。

B: _____ 。

A: _____ 。

B: _____ 。

五、听 拼音 摘 卡片

Listen to pinyin and take down the cards.

Jiàoshī   zhǔnbèi hǎo yǐjīng xué guò de shēngmǔ hé yùnmǔ kǎpiàn   dǎ luàn hòu tiē zài báibǎn
教师 准备 好 已经 学 过 的 声 母 和 韵 母 卡 片，打 乱 后 贴 在 白 板

shàng   xuésheng fēn chéng liǎng sān zǔ   yīcì   páiduì zhàn yú báibǎn qián fāng   Tīng jiàoshī zhǐlìng
上 。学 生 分 成 两 三 组，依 次 排队 站 于 白 板 前 方。听 教师 指令，

zuì xiān zhāi wán kǎpiàn de xiǎozǔ huòshèng
最 先 摘 完 卡 片 的 小组 获 胜 。

In the first round, the teacher prepared the initials and finals cards that had been learned and smashed them on the whiteboard. Divided into two or three groups, the students stand in line in front of the whiteboard, listening to the teacher's order, the team that first take all cards down to win. In the second round, the teacher adds word cards with pinyin that have been learned.

143

a	o	e	i	u	shénme
ai	ei	ui	d	t	Zhōngguó
l	m	b	p	f	māma
ü	tā	bù	yě	ma	Hànyǔ
n	guó	xìng	zhè	shì	míngzi
lái	wǒ	jiào	fēi	nǐ	péngyou
měi	rén	tài	nǚ	lèi	bàba
pà	nà	là	bǐ	fā	bú shì
tuī	běi	lì	duì	bō	nǎguó rén

六、教师给学生分组，并给每组成员五个汉字，小组分工合作，五分钟后看哪组成员可以率先完成听写

The teacher gives every team five characters in the table below. Team members should work together to see which group can take the lead in completing the dictation task in 5 minutes.

人 rén	这 zhè	不 bù	也 yě	朋 péng
国 guó	友 yǒu	哪 nǎ	是 shì	吗 ma

七、写出你听到的声母或韵母

Listen and write out the initial or final you hear.

____u	t____	____i	____u
m____	____ui	____e	____o
f____	n____	p____	____ai
____a	____ei	d____	l____

第四课　这是我们的学校

Lesson Four　This is our school

一、看看下面的图片，猜处所

Look at the photos below, guess the places.

①超市

②操场

③食堂

④银行

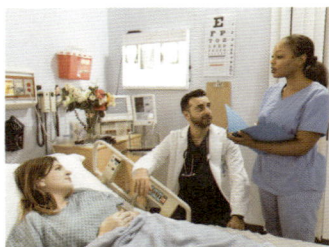

⑤医院

⑥宿舍

pīnyīn 拼音	sùshè	cāochǎng	yīyuàn	shítáng	chāoshì	yínháng
xùhào 序号						

二、教师读，学生标注声调
èr　Jiàoshī dú　xuéshēng biāozhù shēngdiào

Teacher reads the words, students give the tones' marks.

shu	xue	gao	shan	ka
wo	ke	xie	shi	nao
kan	xiao	kao	mao	he
lao	shui	bao	hei	kou
gei	kai	tang	gou	tao

三、两人一组，互相问答
sān　Liǎngrén yì zǔ　hùxiāng wèn dá

Ask each other's the following questions.

问 wèn	答 dá
Zhè shì shénme 这是什么？ 	Zhè shì 这是＿＿＿＿＿＿＿。
Zhè shì shéi 这是谁？ 	Zhè shì 这是＿＿＿＿＿＿＿。

续表

wèn 问	dá 答
Zhè shì nǎr 这是哪儿？ 	Zhè shì 这是＿＿＿＿＿＿＿＿＿＿。

四、 sì Měi zǔ àn rénshù gěi xiāngyìng de biāozhù pīnyīn de chùsuǒ kǎpiàn
每组按人数给相应的标注拼音的处所卡片，
xuéshēng fēn zǔ zhìshǎo sānrén hùxiāngwèn dá
学生分组（至少三人）互相问答

The teacher gives everyone a card with one place like the below, and the team of at least 3 students ask each other in Chinese.

学校

Zhè shì nǐ de sùshè ma
Q: 这是你的宿舍吗？
Bú shì zhè shì wǒ de xuéxiào
A: 不是，这是我的 学校 。

shítáng 食堂	jiàoshì 教室
yóujú 邮局	cāochǎng 操场
túshūguǎn 图书馆	sùshè 宿舍
chāoshì 超市	yīyuàn 医院

五、教师给学生分组，并给每组成员五个汉字，
wǔ　Jiàoshī gěi xuéshēng fēn zǔ　bìng gěi měi zǔ chéngyuán wǔ gè Hànzì

小组分工合作，五分钟后看哪组成员可以率先
xiǎozǔ fēngōng hézuò　wǔ fēnzhōng hòu kàn nǎ zǔ chéngyuán kěyǐ shuàixiān

完成听写
wánchéng tīngxiě

The teacher gives every team five characters in the table below. Work in groups to see which group can take the lead in completing the dictation task in 5 minutes.

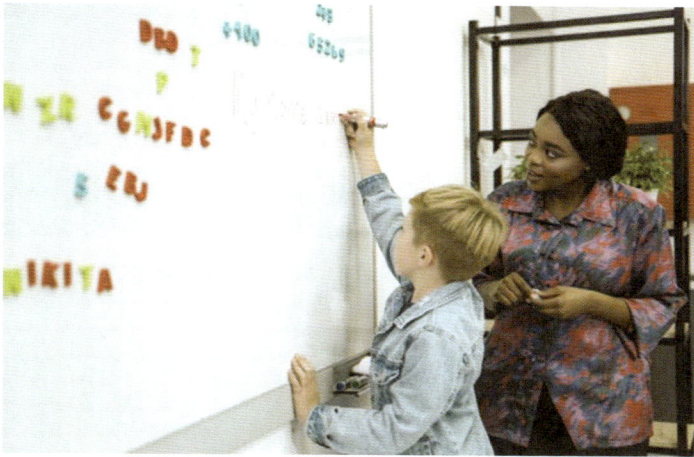

的	用	和	那	谁
de	yòng	hé	nà	shéi/shuí
谢	书	看	学	师
xiè	shū	kàn	xué	shī
我	校	老	超	们
wǒ	xiào	lǎo	chāo	men

六、写出你听到的声母或韵母

Listen and write out the initial or final you hear.

____a	____ei	g____	k____
k____	____ui	____e	____o
____u	h____	____i	____u
f____	n____	g____	____ai

七、看图片，补充完整这些处所的名称

Look at the pictures and complete the names of these places.

__ó __ù __uǎn

__iàn __ǐng __uàn

__ú __iú __ǎng

__ōng y__án

第五课　你是不是留学生

Lesson Five　Are you an international student

yī　Gēnjù pīnyīn tíshì　shuō yi shuō tāmen de shēnfèn
一、根据拼音提示，说一说他们的身份

According to pinyin, say out their identity.

① ② ③ ④ ⑤ ⑥

快递员	医生	服务员	职员	护士	工人
kuàidìyuán	yīshēng	fúwùyuán	zhíyuán	hùshi	gōngrén

èr　Jiàoshī dú　xuésheng biāozhù shēngdiào
二、教师读，学生标注声调

Teacher reads the words and students give the tones' marks.

a	qi	xia	qun	lai	la

151

续表

er	ji	mu	nar	ai	kun
jia	xi	hui	xue	kui	qu
xun	tai	gun	mai	ni	hun

三、两人一组，互相问答对方

Ask each other in pairs.

wèn 问	dá 答
Nǐ shì bu shì liúxuéshēng 你是不是留学生？	Wǒ 我＿＿＿＿＿＿＿＿＿＿＿。
Tāmen shì bu shì lǎoshī 她们是不是老师？	Tāmen 她们＿＿＿＿＿＿＿＿＿＿。
Nǐ shì bu shì yīshēng 你是不是医生？	Wǒ 我＿＿＿＿＿＿＿＿＿＿＿。
Nǐ shì bu shì gōngrén 你是不是工人？	Wǒ 我＿＿＿＿＿＿＿＿＿＿＿。

续表

wèn 问	dá 答
Tā shì bu shì kuàidìyuán 他是不是快递员？	Tā 他＿＿＿＿＿＿＿＿＿＿。
Nǐ xué bu xué Hànyǔ 你学不学汉语？	Wǒ 我＿＿＿＿＿＿＿＿＿＿。
Tā xué bu xué Yīngyǔ 他学不学英语？	Tā 他＿＿＿＿＿＿＿＿＿＿。
Nǐ xué bu xué Fǎyǔ 你学不学法语？	Wǒ 我＿＿＿＿＿＿＿＿＿＿。
Tā shuō bu shuō Hànyǔ 他说不说汉语？	Tā 他＿＿＿＿＿＿＿＿＿＿。
Nǐ shuō bu shuō Yīngyǔ 你说不说英语？	Wǒ 我＿＿＿＿＿＿＿＿＿＿。
Tāmen shuō bu shuō Fǎyǔ 他们说不说法语？	Tāmen 他们＿＿＿＿＿＿＿＿＿＿。

sì　Gēnjù　lìzi　　nǐ yīnggāizěnme huídá
四、根据例子，你应该怎么回答

Guess what should you answer?

Nǐ shì nǎ guó liúxuéshēng　Shuō shénme yǔyán　Xuéxí shénme kèchéng
你是哪国留学生？ 说什么语言？ 学习什么课程？
Which country are you from? What language do you speak? What are you studying?

Nǐ shì nǎ guó liúxuéshēng
A：你是哪国留学生？

B：＿＿＿＿＿＿＿＿＿＿＿＿

153

Nǐ shuō shénme yǔyán

A：你说什么语言？

B：＿＿＿＿＿＿＿＿＿＿＿＿

Nǐ xuéxí shénme

A：你学习什么？

B：＿＿＿＿＿＿＿＿＿＿＿＿

wǔ　　Měi zǔ àn rénshù gěi xiāngyìng shùliàng de yǐ biāozhù pīnyīn de Hànzì
五、每组按人数给相应数量的已标注拼音的汉字
kǎpiàn　　kànkan nǎ yì zǔ zài zuì duǎn de shíjiān nèi jì zhù pīnyīn hé Hànzì
卡片，看看哪一组在最短的时间内记住拼音和汉字

The teacher gives group cards with one character on it like the below, and the team should remember them before teacher says stop.

rén 人	guó 国
jiā 加	qù 去
dà 大	shuō 说
xué 学	liú 留
shì 是	xí 习

liù、Qǐng bǎ xiàliè Hànzì xiě rù mǐzìgé nèi
六、请 把下列汉字写入米字格内

Please put the following Chinese characters into the mats.

liú　xué　shēng　xí　shuō　qǐ　hàn
留　学　生　习　说　起　汉
qù　jiā　nǎ　er　yīng　yǔ　ba
去　加　哪　儿　英　语　吧

留				
学				
生				
习				

说起汉去加哪儿英语吧

Dì – liù kè　　Nǐ de shǒujī hàomǎ shì duōshao

第六课　你的手机号码是多少

Lesson Six　What's your cellphone number

yì　　Shuōchūxiàmian de shùzì
一、说出下面的数字

Say the numbers below.

11	25	44	14	40	56
79	80	83	63	18	99

èr　　Jiàoshī shuō yí gè 0 dào 99 de shùzì　qǐng xuéshēng xiě xià zhège
二、教师说一个0到99的数字，请学生写下这个
shùzì　　kàn shéi xiě de yòu kuài yòu zhǔnquè
数字，看谁写得又快又准确

The teacher says a number between 0 and 99, ask students to write this number, and see who write it quickly and accurately.

序号	数字	拼音	汉字
①	8	bā	八
②			

续表

序号	数字	拼音	汉字
③			
④			
⑤			
⑥			
⑦			
⑧			
⑨			
⑩			

sān   Cāi shùzì
三、猜数字

Guess a number.

Jiàoshī zài zhǐ shàng xiě xià yí gè 0 dào 99 de shùzì   xuéshēng lúnliú cāi yí gè shùzì

教师在纸上写下一个 0 到 99 的数字，学生轮流猜一个数字，

jiàoshī tíshì   dà le   huòzhě   xiǎo le   zhí dào xuéshēng cāi chū zhè ge shùzì wéi zhǐ

教师提示"大了"或者"小了"，直到学生猜出这个数字为止。

The teacher writes a number from 0 to 99 on the paper. Students take turns guessing a number, and the teacher can use the symbols "too big" or "too small" until the student guesses the number.

xiǎo le
小了

32

dà le
大了

⑧

㊾

sì　　Xúnwèn hàomǎ　　Hùxiāng wèn diànhuà hàomǎ bìng tián zài biǎogé lǐ
四、询问号码。互相问电话号码并填在表格里，
kànshéi xiě de zuì duō
看谁写得最多

Ask for a number.Ask and write down the classmates' phone number to see who wrote the most.

xìngmíng 姓 名 Name	shǒujī hàomǎ 手机号码 Cellphone number

wǔ   Shàngwǎng chá yi cháxiàmian de qíngkuàngzhōngrénmen huì dǎ shénme
五、上网查一查下面的情况中人们会打什么
diànhuà hàomǎ
电话号码

Search online. What phone number would people call in the following situation?

liù   Gēnjù shíjì qíngkuàng huídá wèntí
六、根据实际情况回答问题

Answer questions according to the actual situation.

Nǐ de fángjiān hàomǎ shì duōshao
1. 你的房间号码是多少？
What's your room number?

Nǐ de hùzhào hàomǎ shì duōshao
2. 你的护照号码是多少？
What's your passport number?

Nǐ bàba de shǒujī hàomǎ shì duōshao
3. 你爸爸的手机号码是多少？
What's your father's phone number?

qī Tīng dú biànyīn quān chū nǐ tīngdào de dúyīn
七、听读辨音，圈出你听到的读音

Listen, read and discriminate the sounds. Circle the sound you heard.

1. zàn sàn	2. sūn cūn	3. sài cài	4. zuān suān
5. zìjǐ cìjī	6. cǎn sǎn	7. cí qí	8. xià sài

bā Xué xiě Hànzì Bǎ xiàmian de Hànzì tián rù xiāngyìng de jiégòu
八、学写汉字。把下面的汉字填入相应的结构

Writing chinese characters. Fill in the corresponding structure blanks with the following Chinese characters.

他   她   要   很   号

jiǔ Sǎomiáo guānkàn shìpín lǐjiě tāmen zài xuéxiào shuō de huà bìng
九、扫描观看视频，理解他们在学校说的话并
mófǎng duìhuà
模仿对话

Scan to watch videos, understand what they say at school and mimic the conversation.

rùxué bàodào
入学报到
Registration

jiàoshī jiǎngjiě
教师讲解
Teacher's explanation

第七课　我家有五口人

Lesson Seven　There are five people in my family

yì　　Dú chū xiàmian de shùzì
一、读出下面的数字

Read the numbers below.

309	480	1003	918	2200	6340

414	10003	11000	20300	457890

èr　　Kèwén liànxí　Gēnjù kèwén nèiróng xuǎn cí tiánkòng
二、课文练习。根据课文内容选词填空

Text exercises. Choose the proper word to fill the blanks.

bàba　　yīshēng　　jīnnián　　gè　　lǎoshī　　kǒu　　mèimei
爸爸　　医生　　今年　　个　　老师　　口　　妹妹

Tā jiā yǒu sì _____ rén _____ mmāma _____ hé tā。 Tā bàba shì
他家有四_____人：_____、妈妈、_____和他。他爸爸是

mmāma shì _____ Tā yǒu yí mèimei _____ wǔ suì le
_____，妈妈是_____。他有一妹妹，_____五岁了。

sān　　Gēnjù shíjì qíngkuàng huídá wèntí
三、根据实际情况回答问题

Answer questions according to the actual situation.

Nǐ jiā yǒu jǐ kǒu rén
1.你家有几口人？

Nǐ jīnnián duōdà le
2. 你今年多大了？

Nǐ jiā yǒu shénme rén
3. 你家有什么人？

Nǐ bàba zuò shénme gōngzuò   Nǐ māma ne
4. 你爸爸做什么工作？ 你妈妈呢？

Nǐ zuò shénme gōngzuò
5. 你做什么工作？

sì   Yòng běn kè xīnxué de yǔyán diǎn hé cíyǔ miáoshù túpiàn
四、用 本课新学的语言点和词语描述图片

Describe the pictures using the newly-learned language points and words.

Tā shì   tā jīnnián   suì le
他是_____，他今年_____岁了。

Tā shì wǒmen de Hànyǔ
她是我们的汉语_____，
tā jīnnián   suì le
她今年_____岁了。

Tā jiā yǒu   rén tā yǒu   mèimei
他家有_____人，他有_____妹妹。

Zhè shì Lǐ lǎoshī de
这是李老师的_____，
tā jīnnián   suì le
他今年_____岁了。

wǔ Liǎngrén yì zǔ gēnjù shíjì qíngkuàng jìnxíng wèndá liànxí
五、两人一组，根据实际情况进行问答练习

Work in pairs. Ask and answer questions each other according to the actual situations.

Nǐ jiā yǒu jǐ kǒu rén
A: 你家有几口人？

Wǒ jiā yǒu
B: 我家有_____

Nǐ bàba māma jīn nián duō dà le
A: 你爸爸 / 妈妈今年多大了？

Wǒ bàba māma jīn nián suì le
B: 我爸爸 / 妈妈今年_____岁了。

Nǐ bàba māma zuò shénme gōngzuò
A: 你爸爸 / 妈妈做什么工作？

Wǒ bàba māma shì
B: 我爸爸 / 妈妈是_____

liù 3 4 rén yì zǔ měirén zhǔnbèi yì zhāng zìjǐ quán jiā de héyǐng
六、3～4人一组，每人准备一张自己全家的合影，
xiāngtóng zǔ chéngyuán jièshào jiātíng chéngyuán de qíngkuàng
向同组成员介绍家庭成员的情况

Work in groups of 3-4. Prepare a photo with all your family members in it. Introduce them to your group members.

cānkǎo jùshì Wǒ jiā yǒu rén
参考句式：我家有_____人。

Zhèshì wǒ jiào
这是我_____，叫_____；

zhè shì wǒ jiào
这是我_____，叫_____；

Tā   tā shì

Tā   tā shì   tā   tā jīnnián   suì le
他 / 她是_____，他 / 她今年_____岁了。

qī   Tīng dú biànyīn   Quānchū nǐ tīngdào de dúyīn
七、听读辨音。圈出你听到的读音

Listen, read and discriminate the sounds. Circle the sound you heard.

1. zhàn shàn	2. shuāng chuāng	3. róng lóng
4. zuān shuān	5. chēng shēng	6. cǎn shǎ

bā   Qǐng shūxiě xiàmian de Hànzì
八、请书写下面的汉字

Writing the following Chinese characters.

jiā   yǒu   bà   bān   chē
家   有   爸   班   车

家

有

爸

班

车

第八课　今天几号

Lesson Eight   What's the date today

yì   Bǎ xuéshēng fēn chéng jǐ zǔ   jiàoshī chūshì xiàtú   suíyì zhǐ yí gè
一、把学生分成几组，教师出示下图，随意指一个
rìqī   gè zǔ xuéshēng qiǎng dá   kàn nǎ zǔ shuō de yòu kuài yòuzhǔnquè
日期，各组学生抢答，看哪组说得又快又准确

Divide the students into groups, the teacher shows the
picture below, and casually refers to a date, students rush
to answer to see which group is fast and accurate.

January				大前天	前天	昨天
今天	明天	后天	大后天	1	2	3
4	5	6	7	8	9	10
11	12	13	14	15	16	17
18	19	20	21	22	23	24
25	26	27	28	29	30	31

二、说日期接龙比赛，学生按以下句式轮流回答并提问
èr Shuō rìqī jiēlóng bǐsài xuéshēng àn yǐxià jùshì lúnliú huídá bìng tíwèn

Play the date solitaire game, students answer and ask questions in turn according to the following sentence pattern.

A：今天 8 月 24 号，星期三。明天几月几号？
Jīntiān 8 yuè 24 hào xīngqī sān míngtiān jǐ yuè jǐ hào

B：明天 8 月 25 号，星期四。前天几月几号？
Míngtiān 8 yuè 25 hào xīngqī sì qiántiān jǐ yuè jǐ hào

C：前天……
Qiántiān

三、生日调查。每个学生依次说出自己的出生年月日和属相，其他学生做记录。之后老师随机提问，看谁回答得又快又准
sān Shēngrì diàochá Měi ge xuéshēng yīcì shuō chū zìjǐ de chūshēng nián yuè rì hé shǔxiàng qítā xuéshēng zuò jìlù Zhīhòu lǎoshī suíjī tíwèn kàn shéi huídá de yòu kuài yòu zhǔn

Birthday survey. Each student in turn says his or her birth date and genus, and other students make records. After that, the teacher randomly ask questions to see who answers quickly and accurately.

参考句式：我的生日是_____月_____日。
cānkǎo jùshì Wǒ de shēngrì shì yuè rì

我_____年_____月_____日出生。
Wǒ nián yuè rì chūshēng

我属_____。
Wǒ shǔ

老师提问：……的生日是几月几号？
lǎoshī tíwèn de shēngrì shì jǐ yuè jǐ hào

谁九月出生？
Shéi jiǔ yuè chūshēng

我们班几个人属牛？
Wǒmen bān jǐ gè rén shǔ niú

四、课文练习。根据课文内容 选词填空
sì　Kèwén liànxí　Gēnjù kèwén nèiróng xuǎn cí tiánkòng

Text exercises. Choose the proper word to fill the blanks.

生日　　明天　　星期　　准备　　号
shēngrì　míngtiān　xīngqī　zhǔnbèi　hào

今天十二月十八＿＿＿＿＿，＿＿＿＿＿一。＿＿＿＿＿十二月十九
Jīntiān shíèr yuè shíbā　yī　shíèr yuè shíjiǔ

号，是他哥哥的＿＿＿＿＿。他＿＿＿＿＿请哥哥吃饭。
hào　shì tā gēge de　tā　qǐng gēge chīfàn

五、根据实际 情 况 回答问题
wǔ　Gēnjù shíjì qíngkuàng huídá wèntí

Answer questions according to the actual situation.

1. 今天星期几？明天呢？
   Jīntiān xīngqī jǐ　Míngtiān ne

2. 你妈妈 / 爸爸的生日是几月几号？
   Nǐ māma　bàba de shēngrì shì jǐ yuè jǐ hào

3. 你的汉语老师属什么？
   Nǐ de Hànyǔ lǎoshī shǔ shénme

4. 今年生日你准备做什么？
   Jīnnián shēngrì nǐ zhǔnbèi zuò shénme

六、两人一组。根据实际 情 况 进行问答练习
liù　Liǎngrén yì zǔ　Gēnjù shíjì qíngkuàng jìnxíng wèndá liànxí

Work in pairs. Ask and answer questions according to the actual situations.

1. 你的出生年月日是＿＿＿＿＿＿＿＿＿？
   Nǐ de chūshēng nián yuè rì shì

2. 你们家有几个属相？
   Nǐmen jiā yǒu jǐ gè shǔxiang

   他们是什么属相？
   Tāmen shì shénme shǔxiang

3. 去年你的生日礼物是什么？
   Qùnián nǐ de shēngrì lǐwù shì shénme

4. 明天你准备做什么？
   Míngtiān nǐ zhǔnbèi zuò shénme

七、请 书写下面的汉字
qī　Qǐng shūxiě xiàmian de Hànzì

Writing the following Chinese characters.

星　期　明　节　祝
xīng　qī　míng　jié　zhù

星
期
明
节
祝

八、扫 描 观 看 视频，理解他们在机场 说 的 话 并
模仿对话
*bā　Sǎomiáo guānkàn shìpín　lǐjiě)　tāmen zài jīchǎng shuō de huà bìng
mófǎngduìhuà)*

Scan to watch videos, understand what they say at the airport and mimic the conversation.

入境
rùjìng
Immigration

教师讲解
jiàoshī jiǎngjiě
Teacher's explanation

第九课　银行在哪儿

Lesson Nine　Where is the bank

yì　　Dú chū xiàliè fāngwèicí
一、读出下列方位词

Read the following nouns of locality.

dōng 东	zuǒ 左
shàng 上	nán 南
yòu 右	qián 前
běi 北	hòu 后
pángbiān 旁 边	fùjìn 附 近
miàn 面	xiàmian 下 面
zhōngjiān 中 间	běi bian 北 边

Extended vocabulary exercises.

zuò dìtiě
坐地铁

zuò gōnggòng qìchē　　zuò gōngjiāochē
坐公共汽车 / 坐公交车

zuò chūzūchē　　dǎdī
坐出租车 / 打的

zuò huǒchē　　zuò gāotiě
坐火车 / 坐高铁

zuò chuán
坐船

zuò fēijī
坐飞机

qí zìxíngchē
骑自行车

qí diàndòngchē
骑电动车

sān   Liǎngrén yì zǔ   jìnxíng wèndá liànxí
三、两人一组，进行问答练习

Work in pairs. Ask and answer questions.

A	B
jǔlì Nǐ zěnme lái Zhōngguó **举例：**你怎么来中国？	Wǒ zuò fēijī lái Zhōngguó 我坐飞机来中国。
Nǐ zěnme lái xuéxiào 你怎么来学校？	
Nǐ zěnme qù tiān yī guǎngchǎng 你怎么去天一广场？	
Nǐ zěnme qù dìtiězhàn 你怎么去地铁站？	
Nǐ zěnme 你怎么……	

huódòng

四、请 用 问 路 的 句 子 询 问 下 图 的 地 点 ， 看 看 谁 说
de jùzǐ yòuduōyòuzhǔnquè
的 句 子 又 多 又 准 确

Please use the sentences of asking road to ask the locations in the picture below to see who can make the sentences mostly and accurately.

Zhōngguó Yínháng zài   nǎr
中 国 银 行 在 哪 儿？
Nǐ zhīdào xuéxiào zài   nǎr   ma
你 知 道 学 校 在 哪 儿 吗？
Qù chāoshì zěnme zǒu
去 超 市 怎 么 走？
Nǐ zhīdào qù chāoshì zěnme zǒu ma
你 知 道 去 超 市 怎 么 走 吗？
Cóng xuéxiào dào chāoshì zěnme zǒu
从 学 校 到 超 市 怎 么 走？
Nǐ zhīdào cóng xuéxiào dào chāoshì zěnme zǒu ma
你 知 道 从 学 校 到 超 市 怎 么 走 吗？
Dìtiězhàn   fùjìn yǒu shūdiàn ma
地 铁 站 附 近 有 书 店 吗？
Kāfēitīng   zài shūdiàn nánbian ma
咖 啡 厅 在 书 店 南 边 吗？

五、请 说出下列图 中 的方向

wǔ Qǐng shuōchū xiàliè tú zhōng de fāngxiàng

Speak the following directions.

六、请 把下列汉字写入米字格内

liù Qǐng bǎ xiàliè Hànzì xiě rù mǐzìgé nèi

Writing the following Chinese characters.

yǒu	zuò	qù	zǒu	yuǎn	jìn
有	坐	去	走	远	近
zuǒ	yòu	dōng	nán	xī	běi
左	右	东	南	西	北

有
坐
去
走
远

近

左

右

东

南

西

北

qī Sǎomiáo guānkàn shìpín, lǐjiě tāmen zài yínháng shuō de huà bìng mófǎng duìhuà
七、扫描观看视频，理解他们在银行说的话并模仿对话

Scan to watch videos, understand what they say at the bank and mimic the conversation.

bànlǐ yèwù
办理业务
Account transactions

jiàoshī jiǎngjiě
教师讲解
Teacher's explanation

Dì – shí kè　　Wǒ xiǎng mǎi yì bēi kāfēi

第十课　我想买一杯咖啡

Lesson Ten　I want to buy a cup of coffee

yì　Dú chū xiàliè shùzì
一、读出下列数字

Read the following numbers.

23	65	349	501
3 498	7 891	35 820	52 379
922 784	3 729 653	24 272 108	12 358 397
12 400 001	51 074 912	134 379 138	244 279 270

èr　Dú chū xiàliè jiàgé
二、读出下列价格

Read the following prices.

￥10.50	￥13 480.00
￥124.00	￥402.00
￥1 080.00	￥73.08
￥67.00	￥990.10

Conversation works.

míngchēng 名 称	liàngcí 量词	zàojù 造句
pútao 葡萄	chuàn 串	
miànbāo 面包	gè 个	
shū 书	běn 本	
diànnǎo 电脑	tái 台	
píjiǔ 啤酒	píng 瓶	
bǐnggān 饼干	bāo 包	
miàn 面	wǎn 碗	

四、句型练习

Sentence exercise.

Jiǎshè　yí　wèi tóngxué shì　fúwùyuán　　lìng　yí　wèi tóngxué shì　gùkè　　qǐng liǎng rén gēnjù　xiàliè
1. 假设一位同学是服务员，另一位同学是顾客，请两人根据下列
cài dān duìhuà
菜单对话。

Suppose one classmate is a waiter and the other is a customer. Make a dialogue according to the menu.

　　　　Qǐngwèn　　　nǐ xiǎngyào shénme
A: 请问，你想要什么？

　　　Wǒ xiǎng yào　yì　bēi　Nátiě
B: 我想要一杯拿铁。

　　　Háiyǒu bié de ma
A: 还有别的吗？

　　　Hái yào　yì　bēi　　Kǎbùqínuò
B: 还要一杯卡布奇诺。

　　　Yígòng duōshao qián
　　一共多少钱？

　　　Yígòng　24　yuán
A: 一共 24 元。

　　　Hǎo de　　　kěyǐ　yòng zhīfùbǎo　ma
B: 好的，可以用支付宝吗？

　　　Kěyǐ
A: 可以。

Jiǎshè　nǐ xiǎng zài wǎngshangdiǎn yí　fèn wǔfàn　　nǐ zhīdào zěnme zuò ma　　Hé nǐ　de tóngbàn
2. 假设你想在网上点一份午饭，你知道怎么做吗？和你的同伴
shìzhe xiàngshāngjiā hé　mǎijiā yíyàng jìnxíng duìhuà
试着像商家和买家一样进行对话。

Suppose you want to order a lunch online, do you know how to do it? Try to have a conversation with your partner like a merchant and a buyer.

商家	买家

五、书写练习

Writing exercise.

Qǐng bǎ xiàliè Hànzì xiě rù mǐzìgé nèi

请把下列汉字写入米字格内。

Please put the following Chinese characters into the mats.

bǎi	qiān	yígòng	yuán	guì
百	千	一共	元	贵

piányi	xiǎng	mǎi	zài	hái
便宜	想	买	再	还

百					
千					

共
宜

一
元
便
想
买
再
还

liù　Sǎomiáo guānkàn shìpín　lǐjiě　tāmen zài chāoshì shuō de huà bìng
六、扫描观看视频，理解他们在超市说的话并
mófǎngduìhuà
模仿对话

Scan to watch videos, understand what they say in the supermarket and mimic the conversation.

bànlǐ　yèwù
办理业务
Account transactions

jiàoshī　jiǎngjiě
教师讲解
Teacher's explanation

第一课　你好，汉语
Lesson One　Hello, Chinese

一、判断句子正误

Write True or False for the following 5 sentences.

Hànyǔ shì Liánhéguó gōngzuò yòngyǔ zhīyī 1. 汉语是联合国工作用语之一。 Chinese Language is one of the official working languages of UN.	
Hànyǔ de lìshǐ hěn duǎnzàn 2. 汉语的历史很短暂。 Chinese Language has a short history.	
Zhōngguó shì shìjiè shàng rénkǒu zuì duō de guójiā yǒu 56 gè mínzú 3. 中国是世界上人口最多的国家，有56个民族。 China is the most populous country in the world. There are 56 ethnic groups.	
Hànyǔ yě bèi jiàozuò Pǔtōnghuà huòzhě Zhōngwén 4. 汉语也被叫作普通话或者中文。 Chinese Language is also known as Mandarin or Zhongwen.	
Hànyǔ yóu fāyīn xìtǒng hé shūxiě xìtǒng liǎng dà bùfen zǔchéng 5. 汉语由发音系统和书写系统两大部分组成。 The Chinese Language has two systems, which are pronunciation and writing.	

二、把球放入正确的篮子
èr Bǎ qiú fàngrù zhèngquè de lánzi

Put balls into the right basket.

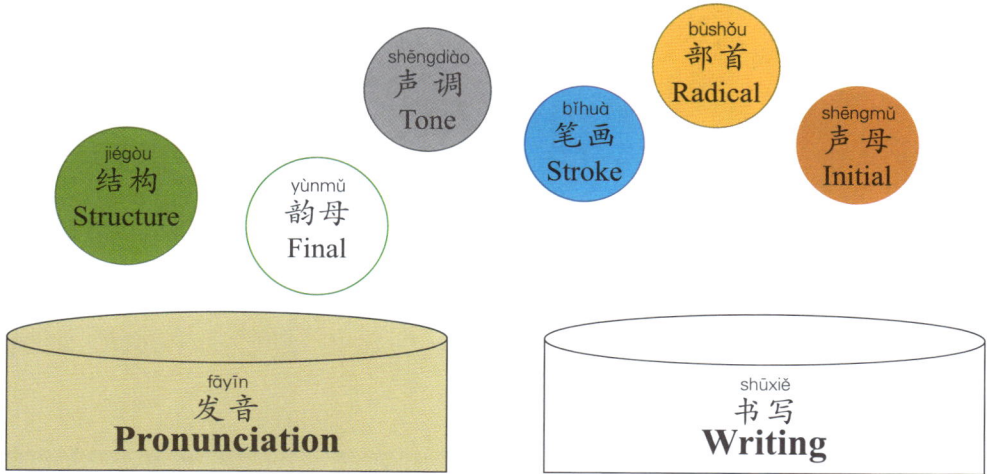

声调
shēngdiào
Tone

部首
bùshǒu
Radical

笔画
bǐhuà
Stroke

声母
shēngmǔ
Initial

结构
jiégòu
Structure

韵母
yùnmǔ
Final

发音
fāyīn
Pronunciation

书写
shūxiě
Writing

三、写出汉语拼音中所有的声母和韵母
sān Xiě chū Hànyǔ pīnyīn zhōng suǒyǒu de shēngmǔ hé yùnmǔ

Write out all the initials and finals.

声母
shēngmǔ
Initial

yùnmǔ
韵母
Final

四、写出所有的声调

Write out tones' marks.

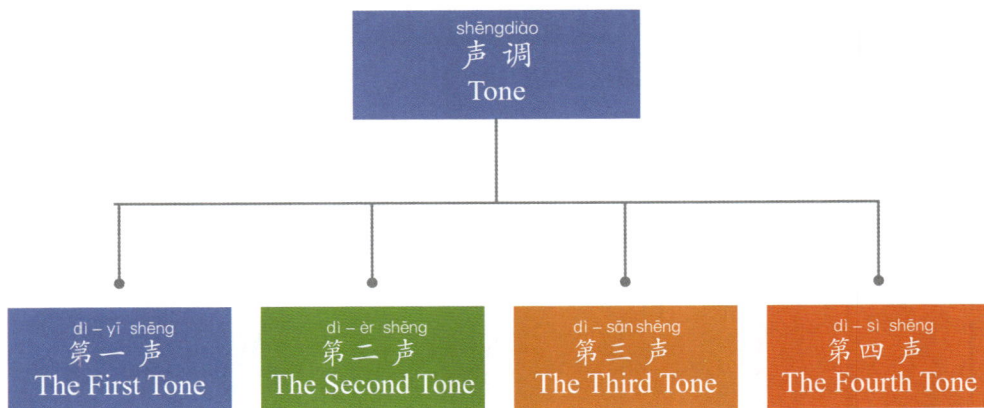

shēngdiào
声调
Tone

dì – yī shēng
第一声
The First Tone

dì – èr shēng
第二声
The Second Tone

dì – sān shēng
第三声
The Third Tone

dì – sì shēng
第四声
The Fourth Tone

五、你能找到"汉语"这两个字的声母、韵母和声调吗

wǔ Nǐ néng zhǎodào Hànyǔ zhè liǎng ge zì de shēngmǔ yùnmǔ hé shēngdiào ma

Can you find the initial, the final and tone of Chinese Characters "汉语"？

汉语
Hànyǔ

汉字 Chinese character	声母 Initial	韵母 Final	声调 Tone
汉			
语			

六、根据提示，抄写汉字

liù Gēnjù tíshì chāoxiě Hànzì

According to the writing rules, copy the four characters.

你

好

汉

语

你 好 汉 语

七、写出"你好汉语"这四个字的部首
qī   Xiě chū   nǐ hǎo Hànyǔ   zhè sì gè zì de bùshǒu

Write out the radicals of the four characters "你好汉语".

Hànzì 汉字 Chinese character	你	好	汉	语
bùshǒu 部首 Radical				

八、写出下面词语的声母、韵母和声调，并指出它们的部首
bā   Xiě chū xiàmian cíyǔ de shēngmǔ   yùnmǔ hé shēngdiào   bìng zhǐ chū
tāmen de bùshǒu

Write down the initials, finals and tones of the following words and indicate their radicals.

Hànzì 汉字 Chinese character	shēngmǔ 声母 Initial	yùnmǔ 韵母 Final	shēngdiào 声调 Tone	bùshǒu 部首 Radical
mā 妈	m	a	–	女
tīng 听				
shuō 说				
dú 读				
xiě 写				

第二课　你叫什么名字

Lesson Two　What is your name

一、判断句子正误

Write True or False for the following 5 sentences.

Zhōngguórén de míngzi yìbān yóu liǎng gè huò sān gè Hànzì zǔchéng 1. 中国人的名字一般由两个或三个汉字组成。 Chinese names are generally composed of two or three Chinese characters.	
Zhōngguórén de xìng dàodǐ yǒu duōshao　méiyǒu yí gè quèqiè de shuōfǎ 2. 中国人的姓到底有多少，没有一个确切的说法。 How many surnames are there in China? Somebody can count.	
Yǒu yì běn zhuānmén jìlù Zhōngguó xìngshì de shūjí　jiàozuò Bǎijiāxìng 3. 有一本专门记录中国姓氏的书籍，叫作《百家姓》。 There is a book named *Hundred Family Names* that records Chinese surnames.	
Zhōngguórén zài bèi wèn xìngmíng shí　chángcháng xiān shuō zìjǐ de míng　zài shuō 4. 中国人在被问姓名时，常常先说自己的名，再说 zìjǐ de xìng 自己的姓。 When Chinese people are asked for their names, they often say their fullnames firstly and then their surnames.	
Zhōngguórén de míngzi wǎngwǎng yǒu yídìng de hányì　biǎoshì měihǎo de yuànwàng 5. 中国人的名字往往有一定的含义，表示美好的愿望。 The Chinese name often has a certain meaning and expresses a good wish.	

èr　Kàn yi kàn　dú yi dú　lián yi lián
二、看一看，读一读，连一连
Look, read and match.

姓	jiào
叫	xìng
什么	tā
名字	shì
大家	míngzi
他	dàjiā
是	shénme

sān　Gēnjù shēngmǔ　yùnmǔ biǎo　xiě chū yǐxià　cíyǔ　de shēngmǔ hé
三、根据声母、韵母表，写出以下词语的声母和韵母
Write the initials and finals of the following words.

shēngmǔ 声母 Initial	b	m	d	n
	p	f	t	l

yùnmǔ 韵母 Final	a	o	e	i	u	ü
	ai	ei	ui	ao	ou	

$$m + a + - = m\bar{a}$$

汉字 *Hànzì* Chinese character	声母 *shēngmǔ* Initial	韵母 *yùnmǔ* Final	声调 *shēngdiào* Tone	拼音 *pīnyīn* Pinyin
爱				ài
的				de
都				dōu
飞				fēi
爸				bà
木				mù
女				nǚ
头				tóu

四、说一说他们姓什么，叫什么名字
sì   Shuō yi shuō tāmen xìng shénme   jiào shénme míngzi

Tell their family names and full names.

李小龙
Lǐ Xiǎolóng

Q: 他姓什么？叫什么名字？
Tā xìng shénme   Jiào shénme míngzi
What are his family name and full name?

A: 他姓李，叫李小龙。
Tā xìng Lǐ   jiào Lǐ Xiǎolóng
His family name is Li, and full name is Li Xiaolong.

1	2	3	4
雷锋 Léi Fēng			

1	Q:	
	A:	
2	Q:	
	A:	
3	Q:	
	A:	
4	Q:	
	A:	

五、给下列对话排序

Read and number the conversations.

☐ Wǒ jiào Ānnī   Nǐ ne
我 叫 安妮。你 呢？
My name is Annie. And you?

☐ Nǐ hǎo   Nǐ jiào shénme míngzi
你 好！你 叫 什么 名字？
Hello! What is your name?

☐
我姓张，叫张峰。你姓什么？
Wǒ xìng Zhāng   jiào Zhāng Fēng   Nǐ xìng shénme
My name is Zhang Feng. My family name is Zhang. And you?

☐
我姓李，李安妮。
Wǒ xìng Lǐ   Lǐ Ān'nī
My family name is Li, my full name is Annie Li.

六、写出你的中文名字
liù   Xiě chū nǐ de Zhōngwén míngzi

Write down your Chinese name.

你姓什么？ What is your surname?
Nǐ xìng shénme

你叫什么？ What is your full name?
Nǐ jiào shénme

七、试一试，你会根据书写规则书写以下汉字吗
qī   Shì yi shì   nǐ huì gēnjù shūxiě guīzé shūxiě yǐxià Hànzì ma

Can you write the following Chinese characters according to the writing rules?

汉字 Hànzì	第一笔 dì-yī bǐ	第二笔 dì-èr bǐ	第三笔 dì-sān bǐ	第四笔 dì-sì bǐ	第五笔 dì-wǔ bǐ	共几笔 gòng jǐ bǐ
什 (shén)	丿	丨	一	丨		4
个 (gè)						

Hànzì 汉字	dì-yī bǐ 第一笔	dì-èr bǐ 第二笔	dì-sān bǐ 第三笔	dì-sì bǐ 第四笔	dì-wǔ bǐ 第五笔	gòng jǐ bǐ 共几笔
土 (tǔ)						
汁 (zhī)						
广 (guǎng)						

八、以下中国人的名字中，哪些是男性的名字，哪些是女性的名字

bā Yǐ xià Zhōngguórén de míngzi zhōng   nǎ xiē shì nánxìng de míngzi
nǎ xiē shì nǚxìng de míngzi

Which are men's names and women's names in the following names?

xìngmíng 姓名 （Names）	xìng 姓 （Surnames）	nánxìng de míngzi 男性的名字 （Names of man）	nǚxìng de míngzi 女性的名字 （Names of woman）
Lǐ Zhōngguó 李钟国	Lǐ 李	√	
Yè Cǎijuān 叶彩娟			
Wáng Yǒngqiáng 王永强			
Wú Fèngxiān 吴凤仙			

第三课　你是哪国人

Lesson Three　Which country are you from

一、认识国旗

Choose the correct national flag.

1. Zhōngguó
   中国

2. _____

3. _____

4. _____

5. _____

6. _____

7. _____

8. _____

9. _____

Bèiníng
A. 贝宁

Fēilǜbīn
B. 菲律宾

Xùlìyà
C. 叙利亚

Měiguó
D. 美国

Fǎguó
E. 法国

Tàiguó
F. 泰国

Déguó
G. 德国

Dōngdìwèn
H. 东帝汶

二、选词填空

Fill in the right word.

nǎ guó	jiào	tā	Zhōngguó
哪国	叫	她	中国
nǐ hǎo	bú shì	Tàiguó	
你好	不是	泰国	

Nǐ hǎo   wǒ   Bèilā
● 你好，我_____贝拉。

　　　　wǒ shì Dàwèi
○ _____，我是大卫。

Nǐ shì   rén
● 你是_____人？

Wǒ shì Dōngdìwènrén   Nǐ shì   rén ma
○ 我是东帝汶人。你是_____人吗？

Wǒ   Tàiguórén   wǒ shì   rén   Zhè shì wǒ de péngyou
● 我_____泰国人，我是_____人。这是我的朋友，_____

jiào Ān'nī
叫安妮。

三、写出声母和韵母

Write the initials and finals.

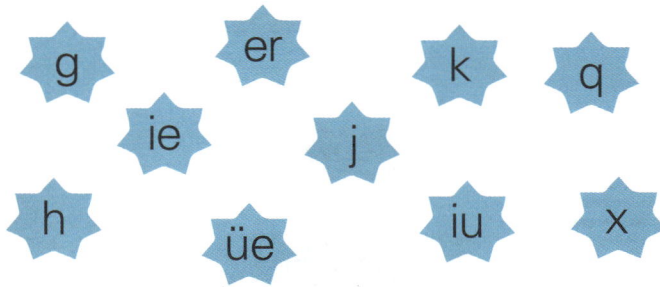

g   er   k   q
ie   j
h   üe   iu   x

shēngmǔ 声母	

yùnmǔ 韵母	

sì Yòngxuéguò de pīnyīn dú chū xiàliè zì cí huì dú de dǎgōu

四、用学过的拼音读出下列字词，会读的打勾

Read the following words in Pinyin and tick it if you can read it.

jiějie 　　　　　　 máquè 　　　　　　 zúqiú

姐姐（　　　）　　 麻雀（　　　）　　 足球（　　　）

  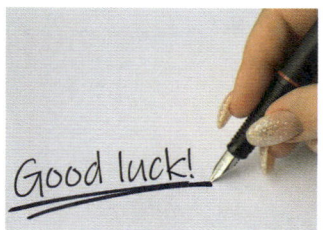

xiūlǐ 　　　　　　 xuéxí 　　　　　　 xiězì

修理（　　　）　　 学习（　　　）　　 写字（　　　）

wǔ Xiǎng yi xiǎng gēnjù bǐhuà tiánkòng

五、想一想，根据笔画填空

Think about it and fill in the blanks according to the stroke.

Yě gòng huà dì-yī huà shì

也，共（　　　）画，第一画是（　　　　　）。

Rén gòng huà dì-èr huà shì

人，共（　　　）画，第二画是（　　　　　）。

Bù gòng huà dì-sì huà shì

不，共（　　　）画，第四画是（　　　　　）。

Zhī gòng huà dì-èr huà shì

之，共（　　　）画，第二画是（　　　　　）。

According to the writing rules, copy the four Chinese characters.

不	一¹	丆²	不³	不⁴
bù	横	撇	竖	点

开	一¹	二²	开³	开⁴
kāi	横	横	撇	竖

四	丨¹	冂²	冂³	四⁴	四⁵
sì	竖	横折	撇	竖弯	横

五	一¹	丆²	丒³	五⁴
wǔ	横	竖	横折	横

不

开

四

五

七、写出下面词语的声母、韵母和声调，并抄写汉字

qī　Xiě chū xiàmian cíyǔ de shēngmǔ　yùnmǔ hé shēngdiào　bìng chāoxiě

Hànzì

Write the initials, finals and tones of the following words, and copy the Chinese characters.

túshì 图示 Graphic	lìzì 例字 Character	shēngmǔ 声母 Initial	yùnmǔ 韵母 Final	shēngdiào 声调 Tone	fǎngxiě 仿写 Imitation
	kǎ 卡	k	a	ˇ	卡
	yuè 月				
	èr 二				
	qiū 秋				
	xiào 笑				
	shù 树				
	huā 花				

第四课　　这是我们的学校

Lesson Four　　This is our school

一、读一读，抄一抄，每个词语抄三遍

Read and copy the words, three times each.

xuéxiào 学校 school			
cāochǎng 操场 playground			
sùshè 宿舍 dormitory			
chāoshì 超市 supermarket			
yínháng 银行 bank			
shítáng 食堂 dining hall			

二、Qǐng jiāng duìhuà bǔchōng wánzhěng
请 将 对话 补充 完整

Please complete the dialogues.

Tā shì wǒ de lǎoshī
①她是我的老师。

Nà shì wǒmen de túshūguǎn
②那是我们的图书馆。

Kàn　zhè shì wǒmen de xuéxiào
1.看，这是我们的学校。

Nà shì　nǎlǐ
——那是哪里？

——_____

Tā shì shéi
2.她是谁？

——_____

三、Jiàoshī niàn cíyǔ　xuéshēng quān chū tīngdào de cíyǔ
教师念词语，学 生 圈 出听到的词语

The teacher reads the word, and students circle the word they hear.

Lìzi　草坪 huò shì　mǎlù
例子：草坪 或是 马路

1. xiézi huò shì yínháng
鞋子 或是 银行

2. bēizi huò shì chāoshì
杯子 或是 超市

3. shítáng huò shì máojīn
食堂 或是 毛巾

4. yǎnjìng huò shì cāochǎng
眼镜 或是 操场

sùshè　huò shì　shǒujī
5. 宿舍 或是 手机

Order the following dialogues and write them down on the lines.

Shìde　　xièxie
是的，谢谢。

Bú　kèqi　　Qǐngwèn yíxià　nǐ zhīdào yínháng zài　nǎlǐ　ma
不客气。请问一下你知道银行在哪里吗？

Zài xuéxiào chāoshì de zuǒbian
在学校超市的左边。

Búyòngxiè
不用谢。

Hǎode　　xièxie　nǐ
好的，谢谢你。

Nǐ hǎo　　zhè shì nǐ de shū ma
你好，这是你的书吗？

(1) _____

(2) _____

(3) _____

(4) _____

(5) _____

(6) _____

五、试一试，你会根据书写规则书写以下汉字吗？

Give it a try. Can you write the following Chinese characters according to the writing rules?

Hànzì 汉字	dì-yī bǐ 第一笔	dì-èr bǐ 第二笔	dì-sān bǐ 第三笔	dì-sì bǐ 第四笔	dì-wǔ bǐ 第五笔	gòng jǐ bǐ 共几笔
小（xiǎo）	亅	丿	、			3
七（qī）						
与（yǔ）						
山（shān）						
以（yǐ）						

六、根据所学拼音，选择正确的读音

According to the pinyin you have learned, choose the correct pronunciation.

高（hāo gāo）兴 xìng

happy

纽扣（kòu gòu） niǔ

button

猴（hóu hào）子 zi

monkey

好（gǎo hǎo）棒 ^{bàng}

great

考（kǎo kào）试 ^{shì}

test

小狗 ^{xiǎo}（gǒu hǒu）

puppy

蛋糕 ^{dàn}（kǎo gāo）

cake

口（kǒu hǒu）渴 ^{kě}

thirsty

后（hòu gòu）面 ^{mian}

behind

第五课　你是不是留学生

Lesson Five　Are you an international student

一、判断句子正误

Write True or False for the following 5 sentences.

Guójiā Hànbàn shì Zhōngguó Jiàoyùbù　zhíshǔ　shìyè dānwèi 1. 国家汉办是中国教育部直属事业单位。 Hanban is a directly affiliated institution of the Ministry of Education of the People's Republic of China.	
Kǒngzǐ Xuéyuàn　shì fēi yínglìxìng jiàoyù jīgòu　zhǐ zài chuánbō wénhuà 2. "孔子学院"是非营利性教育机构，旨在传播文化。 Confucius Institute is a non-profit educational institution with a mission of culture.	
Shēngmǔ shì jqx　yùnmǔ shì üe de pīnyīn　tāmen kěyǐ shì jüe qüe 3. 声母是jqx，韵母是üe的拼音，它们可以是jüe\qüe\ xüe xüe。 When the final üe after the initials j, q and x, they are jüe, qüe and xüe.	
Dāng dāndú shǐyòng de shíhòu　yī　dúzuò yuánshēngdiào dì – yī shēng 4. 当单独使用的时候，"一"读作原声调第一声。 The tone of character "一" is the first tone when it is used alone.	
Nǐ qù bu qù chāoshì　Nǐ qù chāoshì ma 5. 你去不去超市？＝你去超市吗？ The above sentences' meanings are the same.	

二、写出以下单词的拼音

Write down the phonetic alphabets of the following words.

留学生_____   说_____   哪儿_____

一起_____   学习_____   好吧_____

汉语_____   去_____   英语_____

三、写出声母和韵母

Write the initials and finals.

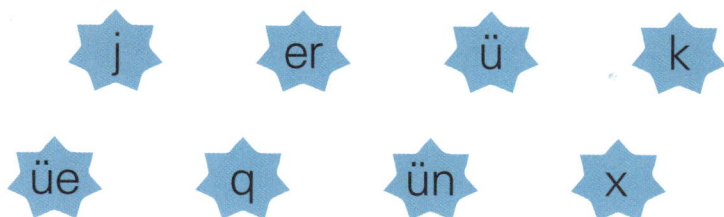

j   er   ü   k

üe   q   ün   x

shēngmǔ 声母	

yùnmǔ 韵母	

四、想一想，根据笔画填空

Think about it and fill in the blanks according to the stroke.

Liú   gòng   huà   dì-yī huà shì
留，共（　　　）画，第一画是（　　　　　）。

Xīn   gòng   huà   dì-èr huà shì
新，共（　　　）画，第二画是（　　　　　）。

Hàn　gòng　　　　　　huà　dì – sān huà shì
汉，共（　　　　　）画，第三画是（　　　　　　）。

Pō　gòng　　　　　　huà　dì – sì huà shì
坡，共（　　　　　）画，第四画是（　　　　　　）。

Qù　gòng　　　　　　huà　dì – wǔ huà shì
去，共（　　　　　）画，第五画是（　　　　　　）。

Yīng　gòng　　　　　huà　dì – liù huà shì
英，共（　　　　　）画，第六画是（　　　　　　）。

Yǔ　gòng　　　　　　huà　dì – qī huà shì
语，共（　　　　　）画，第七画是（　　　　　　）。

wǔ　　Xuǎncí tiánkòng
五、选词填空

Fill in the right word.

Xīnjiāpō 新加坡	qù nǎr 去哪儿	ba 吧	liúxuéshēng 留学生
Hànyǔ 汉语	yìqǐ 一起	Yīngyǔ 英语	xuéxí 学习

（1）

Nǐ hǎo　　nǐ shì　　　　　　　　　　　ma
● 你好，你是＿＿＿＿＿＿＿＿吗？

Shì de　　wǒ shì Dōngdìwèn liúxuéshēng　　Nǐ ne
○ 是的，我是东帝汶留学生。你呢？

Wǒ yě shì liúxuéshēng　　wǒ shì　　　　　　　　liúxuéshēng
● 我也是留学生。我是＿＿＿＿＿＿＿留学生。

（2）

Nǐ
○ 你＿＿＿＿＿＿＿＿？

Wǒ qù chāoshì　　Nǐ ne
● 我去超市。你呢？

Wǒ yě qù chāoshì　　　　　　　　　　qù
○ 我也去超市，＿＿＿＿＿＿＿＿去＿＿＿＿＿＿＿＿。

Hǎo a
● 好啊！

（3）

Wǒ shì Zhōngguórén　　wǒ shuō
○我是中国人，我说＿＿＿＿＿＿＿＿＿＿。

Wǒ　xuéxí
我学习＿＿＿＿＿＿＿＿＿＿。

Tā shì Yīngguórén　　tā shuō Yīngyǔ　　Tā
●他是英国人，他说英语。他＿＿＿＿＿＿＿＿＿＿汉语。
　　　　　　　　　　　　　　　　　　　　　　　　　Hànyǔ

liù　　Gēnjù　tíshì　　chāoxiě bǐhuà
六、根据提示，抄写笔画

According to the examples, copy the stroke.

| 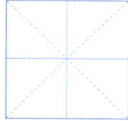 | 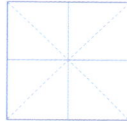 |  |  |

撇折
piězhé

|  | 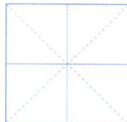 |  |  |

斜钩
xiégōu

|  |  |  |  |

撇点
piědiǎn

弯钩

wāngōu

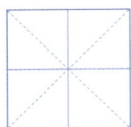 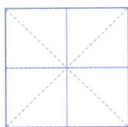 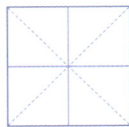 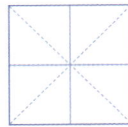

卧钩

wògōu

 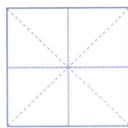 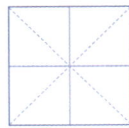 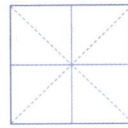

第六课   你的手机号码是多少

Lesson Six   What's your cellphone number

一、写出下面的数字及其拼音

Write the following numbers and its Pinyin.

	1 yī	2 èr	3 sān	4 sì	5 wǔ	6 liù	7 qī	8 bā	9 jiǔ
10 shí									
20 èrshí									
30 sānshí		32 sānshíèr							
40 sìshí									
50 wǔshí									
60 liùshí									
70 qīshí									
80 bāshí									
90 jiǔshí									

举例：**35 三十五**

22_____   17_____   35_____   71_____

69_____   56_____   48_____   92_____

举例：**二十 20**

二十四_____   七十八_____   八十六_____   五十三_____

十六_____   四十_____   九十七_____   三十二_____

二、完 成 对 话
èr   Wánchéng duìhuà

Complete the following dialogues.

1. A: _____？

     Wǒ māma de shǒujī hàomǎ shì   13506860977
     B: 我妈妈的手机号码是13506860977。

2. A: _____？

     Wǒ zhǎo Lǐ Xiǎofēi   Zhè shì tā de kuàidì
     B: 我找李小飞。这是她的快递
     （delivery）。

     Wǒ shì Lǐ Xiǎofēi
     A: 我是李小飞。

     B: _____？

     A: 13556877101。

请先验货，后签收。

3. A: _____。

    Zhāng lǎoshī bú zài   tā xiàbān le
B: 张老师不在，他下班了。

4. A: _____。

    Wǒ de fángjiān hàomǎ shì 134
B: 我的房间号码是 134。

sān   Kàn tú huídá wèntí
三、看图回答问题

Answer the question according to the pictures.

Tā Tā Tāmen zài nǎr
他 / 她 / 他们在哪儿？
Where is/are it/he/she/they?

Tā zài
他在_____。   _____。

_____ 。   _____ 。

四、根据实际 情 况 回答问题

Answer the question according to the real situation.

Nǐ de diànhuà hàomǎ shì duōshao
1. 你的电话号码是多少？

_____ 。

Nǐ de shēnfènzhèng   hàomǎ shì duōshao
2. 你的身份证（ID card）号码是多少？

_____ 。

Nǐ de hùzhào   hàomǎ shì duōshao
3. 你的护照 (passport) 号码是多少？

_____ 。

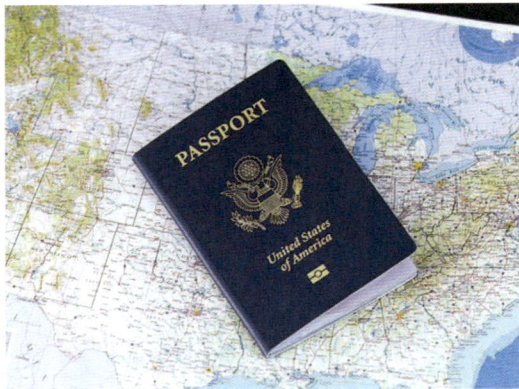

五、学写汉语数字

Learn and write Chinese characters of numbers.

数字 shùzì Number	汉语数字 Hànyǔ shùzì Characters of number	笔画 bǐhuà Strokes	笔画数 bǐhuà shù Number of strokes
4	四	丨 冂 冈 四 四	5
5			
6			
7			
8			
9			

第七课　我家有五口人

Lesson Seven　There are five people in my family

一、写出下面的数字

Write the following numbers.

举例：101 一百零一

202＿＿＿＿＿＿　　280＿＿＿＿＿＿　　722＿＿＿＿＿＿　　1010＿＿＿＿＿＿

10010＿＿＿＿＿　　20300＿＿＿＿＿　　87001＿＿＿＿＿　　110000＿＿＿＿＿

举例：二百 200

二百一十＿＿＿＿　　八百二十＿＿＿＿　　一千零一＿＿＿＿　　五千七百＿＿＿＿

七千＿＿＿＿＿＿　　一万三＿＿＿＿＿　　二百五十＿＿＿＿　　一万零一＿＿＿＿

二、完成对话

Complete the following dialogues.

A: ＿＿＿＿＿＿＿＿＿＿＿＿＿＿＿＿？

Wǒ jiā yǒu sān kǒu rén   bàba   māma hé wǒ
B: 我家有三口人，爸爸、妈妈和我。

A: ＿＿＿＿＿＿＿＿＿＿＿＿＿＿？

214

B: ^(Wǒ bàba shì lǎoshī)
我爸爸是老师。

A: ^(Nǐ māma ne)
你妈妈呢？

B: ^(Tā yě)
她也＿＿＿＿＿＿＿＿＿＿＿。

A: ＿＿＿＿＿＿＿＿＿＿＿？

B: ^(Wǒmen bān yǒu 6 gè xuéshēng)
我们班有6个学生。

A: ＿＿＿＿＿＿＿＿＿＿＿？

B: ^(Nánshēng 3 gè nǚshēng 3 gè)
男生3个，女生3个。

A: ＿＿＿＿＿＿＿＿＿＿＿？

B: ^(Wǒmen bān méiyǒu Hánguó liúxuéshēng)
我们班没有韩国留学生。

A: ＿＿＿＿＿＿＿＿＿＿？

B: ^(Wǒ yǒu gēge)
我有哥哥。

A: ＿＿＿＿＿＿＿＿＿＿？

B: ^(Wǒ zhǐ yǒu yí gè gēge)
我只有一个哥哥。

A: ＿＿＿＿＿＿＿＿＿＿？

B: ^(Tā shì dàxuéshēng)
他是大学生。

A: ＿＿＿＿＿＿＿＿＿＿＿？

B: ^(Zhè shì wǒ péngyou de nǚér)
这是我朋友的女儿。

A: ＿＿＿＿＿＿＿＿＿＿＿？

B: ^(Tā jīnnián wǔ suì le)
她今年五岁了。

Tā shì nǐ de Zhōngguó péngyou ma
A: 她是你的中国朋友吗?

B: _____。

A: _____?

Tā jīnnián èrshíwǔ suì le
B: 她今年二十五岁了。

Choose the proper words to fill in the blanks.

èr	liǎng
二	两

Tā yǒu　　　gè gēge,　dàgē　　　shí suì le,　shì dàxuéshēng　Tā de　　　gē
1. 他有_____个哥哥,大哥_____十岁了,是大学生。他的_____哥
shì zhōngxuéshēng
是中学生。

Wǒmen zài　　　hào lóu dì　　　gè jiàoshì shàngkè
2. 我们在_____号楼第_____个教室上课。

Wǒ shì Hànyǔ　　　bān de xuéshēng,　wǒmen bān yǒu　　　gè Fǎguó rén
3. 我是汉语_____班的学生,我们班有_____个法国人。

jǐ	duōshao
几	多少

Nǐmen bān yǒu　　　gè xuéshēng?　Yǒu　　　gè Hánguó liúxuéshēng
1. 你们班有_____个学生?有_____个韩国留学生?

Tā shì　　　bān de xuéshēng
2. 他是_____班的学生?

Qǐngwèn　nǐ de shǒujī hàomǎ shì
3. 请问,你的手机号码是_____?

gè	kǒu
个	口

Tāmen bān yǒu 16　　　rén,　8　　　nán tóngxué,　8　　　nǚ tóngxué
1. 他们班有16_____人,8_____男同学,8_____女同学。

^{Wǒ jiā yǒu liù} ^{rén} ^{wǒ yǒu liǎng} ^{gēge}
2. 我家有六_____人，我有两_____哥哥。

^{Wǒmen xuéxiào yǒu 230} ^{xuéshēng} ²⁵ ^{lǎoshī}
3. 我们学校有230_____学生，25_____老师。

^{sì Gēnjù shíjì qíngkuàng huídá wèntí} 四、根据实际情况回答问题

Answer the questions according to the real situation.

^{Nǐ jiā yǒu jǐ kǒu rén}
1. 你家有几口人？

_____。

^{Nǐ yǒu jǐ gè Zhōngguó péngyou}
2. 你有几个中国朋友？

_____。

^{Nǐ de Hànyǔ lǎoshī duō dà le}
3. 你的汉语老师多大了？

_____。

^{Nǐ bàba zuò shénme gōngzuò Nǐ māma ne}
4. 你爸爸做什么工作？你妈妈呢？

_____。

^{wǔ Kàn tú huídá wèntí} 五、看图回答问题。

Answer the question according to the pictures.

^{Tā Tā Tāmen zuò shén me gōngzuò}
他 / 她 / 他们做什么工作？

^{Tāmen shì}
他们是_____。   _____。

Nǐ hái zhīdào nǎxiē zhíyè Búhuì de zì chá yi chá zidiǎn
你还知道哪些职业？ 不会的字查一查字典。
Do you know any other profession? If you don't know words, look up in a dictionary.

Learn and write Chinese Characters.

jiā	péng	yé	bān	chē
家	朋	爷	班	车

家

朋

爷

班

年

第八课　今天几号

Lesson Eight　What's the date today

yī　Jiérì yǔ rìqī

一、节日与日期

Festival and date.

Qǐng bǎ xiàmian de túpiàn yǔ duìyìng de Zhōngguó chuántǒng jiérì liánxiàn　bìng xiě chū gāi jiérì

1. 请把下面的图片与对应的中国传统节日连线，并写出该节日

de　rìqī

的日期。

Please connect the picture to the corresponding Chinese traditional festival and write the date of the festival.

Chūnjié

春节

Zhōngqiūjié

中秋节

Duānwǔjié

端午节

Nǐ hái zhīdào nǎxiē Zhōngguó de jiérì Shàngwǎng chá yi chá
你还知道哪些中国的节日？ 上网查一查。
Do you know any other Chinese festivals? Look up online.

Qǐng xiě chū nǐ zhīdào de jiérì míngchēng hé rìqī
2. 请写出你知道的节日名称和日期。
Do you know any other festivals? Please write down the name and date.

Shèngdànjié 圣诞节	shí'èr yuè èrshíwǔ hào 十二月二十五号

èr Wánchéng duìhuà
二、完成对话

Complete the following dialogues.

A: _____?

Jīntiān shì bā yuè wǔ hào
B: 今天是八月五号。

A: _____?

Jīntiān xīngqī liù
B: 今天星期六。

Jīntiān shì wǒ de shēngrì
A: 今天是我的生日。

B: _____。

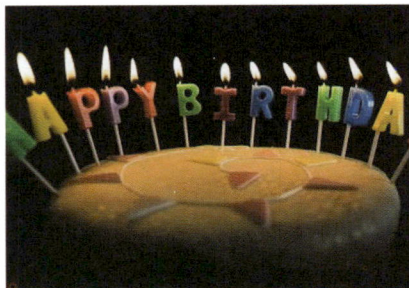

Xièxie
A: 谢谢。

B: _____?

Wǒ shǔ gǒu
A: 我属狗。

A: ＿＿＿＿＿＿＿＿＿＿＿＿＿？

Bú shì　jīntiān xīngqī sān
B: 不是，今天星期三。

A: ＿＿＿＿＿＿＿＿＿＿＿＿＿？

Jīntiān èr yuè shísān hào　Nǐ zhīdào míngtiān shì
B: 今天二月十三号。你知道明天是

shénme rìzi ma
什么日子吗？

Wǒ zhīdào
A: 我知道。＿＿＿＿＿＿＿＿＿＿。

A: ＿＿＿＿＿＿＿＿＿＿＿？

Jīntiān bā yuè shíbā hào　shì nǐ de shēngrì
B: 今天八月十八号，是你的生日。

A wǒ wàng le　xièxie nǐ
A: 啊，我忘了，谢谢你。

Bú yòng xiè
A: 不用谢。＿＿＿＿＿＿＿＿＿。

B: ＿＿＿＿＿＿＿＿＿＿＿。

Hǎo a　yìqǐ　chīfàn ba
B: 好啊，一起吃饭吧。

A: ＿＿＿＿＿＿＿＿＿＿＿？

Wǒ 2007 niánchūshēng
B: 我 2007 年出生。

A: ＿＿＿＿＿＿＿＿＿＿＿？

Wǒ shǔ zhū　Nǐ ne
B: 我属猪。你呢？

A: ＿＿＿＿＿＿＿＿＿＿。

Jīntiān jǐ yuè jǐ hào
A: 今天几月几号？

B: _____ 。

Nà zài guò shí tiān jiù shì Shèngdànjié le
A: 那再过十天就是圣诞节了。

Shèngdànjié wǒ zhǔnbèi hé jiārén yìqǐ chīfàn
B: 圣诞节我准备和家人一起吃饭。

Nǐ ne
你呢？

A: _____ 。

sān Yuèdú yì piān rìjì pànduàn duì cuò
三、阅读一篇日记，判断对错

Read a diary and choose true or false.

12 yuè 1 rì xīngqī wǔ qíng
12月1日　星期五　晴

Lǐ Lì shì wǒ de Zhōngguó péngyou   Míngtiān shì tā de shēngrì   Zuótiān wǒ qù le
李丽是我的中国朋友。明天是她的生日。昨天我去了

shāngchǎng mǎi le yì běn shū shì gěi tā de shēngrì lǐwù Lǐ Lì 1995 nián chūshēng
商场，买了一本书，是给她的生日礼物。李丽1995年出生，

shǔ zhū
属猪。

Lǐ Lì de shēngrì shì 12 yuè 1 rì
1. 李丽的生日是12月1日。　　　（　　　）

Xīngqī sì wǒ qù le shāngchǎng
2. 星期四我去了商场。　　　（　　　）

Wǒ méiyǒu zhǔnbèi shēngrì lǐwù
3. 我没有准备生日礼物。　　　（　　　）

Lǐ Lì 1995 nián chūshēng shǔ zhū
4. 李丽1995年出生，属猪。　　　（　　　）

四、连词成句
sì　Lián cí chéng jù

Reorder the words into sentences.

1. 五号　六月　星期　今天　日
wǔhào　liùyuè　xīngqī　jīntiān　rì

_____。

2. 出生　1999 年　我　兔　属
chūshēng　1999 nián　wǒ　tù　shǔ

_____。

3. 明年　我　妹妹　5 岁
míngnián　wǒ　mèimei　5 suì

_____。

4. 准备　请　老师　晚上　我们　明天　吃饭
zhǔnbèi　qǐng　lǎoshī　wǎnshang　wǒmen　míngtiān　chīfàn

_____。

五、把括号里的词填入适当的位置
wǔ　Bǎ kuòhào lǐ de cí tiánrù shìdāng de wèizhì

Put the word into appropriate place.

1. _____ 今天 _____ 号 _____ ？（几）
jīntiān　　　hào　　　jǐ

2. _____ 今天 _____ 星期三 _____ 。（不是）
jīntiān　　　xīngqī sān　　　bú shì

3. _____ 今天 _____ 哥哥的生日 _____ 。（不是）
jīntiān　　　gēge de shēngrì　　　bú shì

六、学写汉字
liù　Xué xiě Hànzì

Learn and write Chinese Characters.

星　期　明　节　祝
xīng　qī　míng　jié　zhù

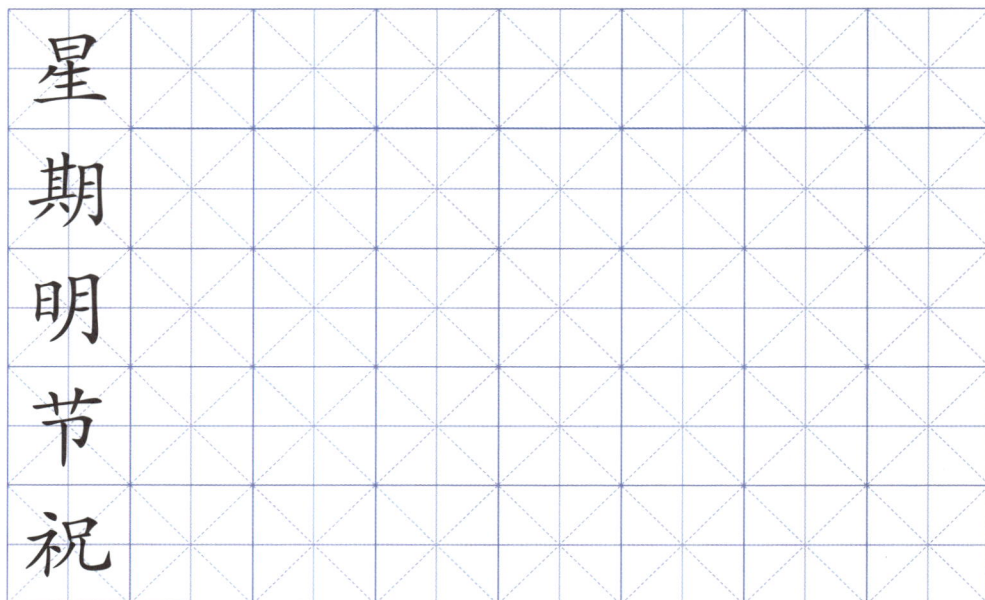

星
期
明
节
祝

Dì – jiǔ kè　　Yínháng zài　nǎr
第九课　银行在哪儿
Lesson Nine　Where is the bank

yī　　Qǐng bǎ duìyìng de fāngwèicí xiězài xiāngyìng de fāngkuàng lǐ
一、请把对应的方位词写在相应的方框里

Please write the corresponding position words in the corresponding box.

zhōngjiān	pángbiān	shàngmian	xiàmian
中间	旁边	上面	下面

qiánmian	hòumian	lǐmian	wàimian
前面	后面	里面	外面

èr　Xuǎncí tiánkòng
二、选词填空

Fill in the blanks.

1. 北京（　　　）上海远吗？ Běijīng Shànghǎi yuǎn ma	cóng，lí，wǎng，zài 从，离，往，在
2. 美国（　　　）中国很远。 Měiguó Zhōngguó hěn yuǎn	cóng，lí，wǎng，zài 从，离，往，在
3. （　　　）你家到学校远吗？ nǐ jiā dào xuéxiào yuǎn ma	cóng，lí，wǎng，zài 从，离，往，在
4. 我（　　　）地铁站工作。 Wǒ dìtiězhàn gōngzuò	cóng，lí，wǎng，zài 从，离，往，在
5. 你一直（　　　）前走。 Nǐ yìzhí qián zǒu	cóng，lí，wǎng，zài 从，离，往，在
6. 请在十字路口（　　　）右拐。 Qǐng zài shízì lùkǒu yòu guǎi	cóng，lí，wǎng，zài 从，离，往，在
7. 你晚上（　　　）家吗？ Nǐ wǎnshang jiā ma	cóng，lí，wǎng，zài 从，离，往，在
8. 超市（　　　）学校附近吗？ Chāoshì xuéxiào fùjìn ma	cóng，lí，wǎng，zài 从，离，往，在

sān　Bǎ kuòhào lǐ de cí tiánrù shìdàng de wèizhì
三、把括号里的词填入适当的位置

Put the words into the proper place.

1. _____去_____天一广场_____走？ qù Tiānyī Guǎngchǎng zǒu	zěnme 怎么
2. 机场_____这儿_____很_____远。 Jīchǎng zhèr hěn yuǎn	lí 离
3. _____这儿_____一直往前_____走。 zhèr yìzhí wǎngqián zǒu	cóng 从
4. 你到_____路口_____左_____拐。 Nǐ dào lùkǒu zuǒ guǎi	wǎng 往
5. 你_____知道_____银泰广场_____哪儿吗？ Nǐ zhīdào Yíntài Guǎngchǎng nǎr ma	zài 在

226

四、大声朗读短文
sì Dàshēng lǎngdú duǎnwén

Read aloud.

你坐地铁到我们学校。地铁站离学校北大门不远。从北大门
Nǐ zuò dìtiě dào wǒmen xuéxiào. Dìtiě zhàn lí xuéxiào běi dàmén bù yuǎn. Cóng běi dàmén

一直往东走，就可以看到联盟大厦。
yìzhí wǎngdōng zǒu, jiù kěyǐ kàndào Liánméng Dàshà.

结合上面的短文和地图，请写一写如何从北门到图书馆。
Jiéhé shàngmian de duǎnwén hé dìtú, qǐng xiě yi xiě rúhé cóng běimén dào túshūguǎn.

Combining the above passage and map, please write a short passage about how to get to the library from the north door.

_____

_____

_____

_____

_____

_____

_____

五、根据图片，回答问题
wǔ Gēnjù túpiàn huídá wèntí

Answer the questions according to the picture.

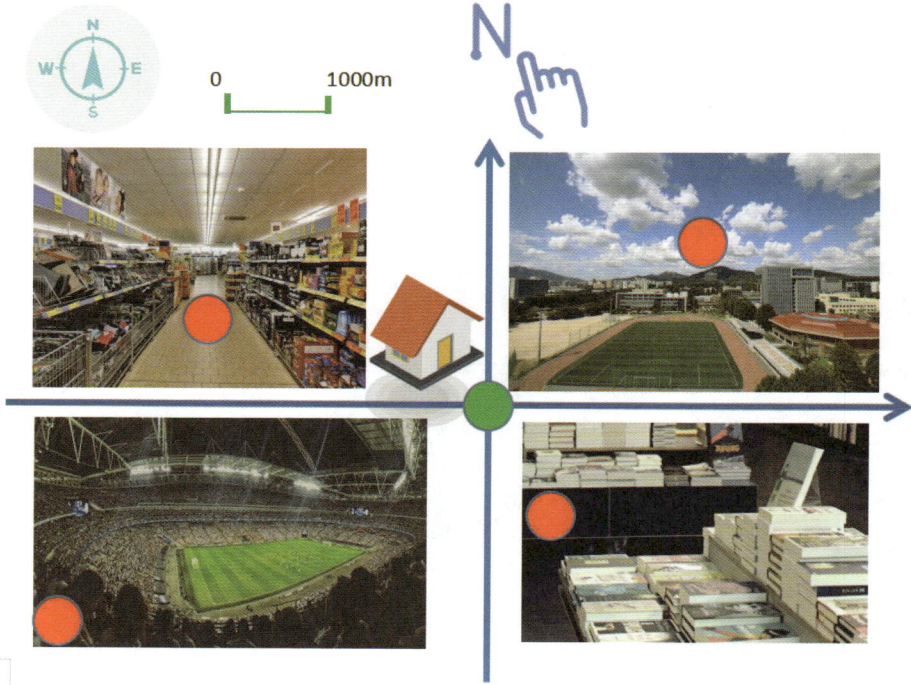

Xuéxiào zài nǎr 学校在哪儿？	
Jiā de běibian yǒu shénme 家的北边有什么？	
Chāoshì zài jiā de nǎbiān 超市在家的哪边？	
Zúqiúchǎng zài shūdiàn de shénme fāngxiàng 足球场在书店的什么方向？	
Xuéxiào lí jiā duō yuǎn 学校离家多远？	
Shūdiàn lí jiā jìn ma 书店离家近吗？	
Lí jiā zuì yuǎn de dìfang shì nǎr 离家最远的地方是哪儿？	

六、连词 成 句
liù　　Liáncí chéng jù

Reorder the words into sentences.

1. 出租车 十五 分钟 坐
   chūzūchē shíwǔ fēnzhōng zuò

   _____ 。

2. 个 左拐 在 十字路口 往
   gè zuǒ guǎi zài shízì lùkǒu wǎng

   _____ 。

3. 家 咖啡馆 她 一 在
   jiā kāfēiguǎn tā yì zài

   _____ 。

4. 学校 银行 在 的 旁边
   xuéxiào yínháng zài de pángbiān

   _____ 。

5. 哪里 在 的 你 家
   nǎlǐ zài de nǐ jiā

   _____ 。

第十课　我想买一杯咖啡
Lesson Ten　I want to buy a cup of coffee

一、选词填空

Fill in the blanks with the proper words.

yǒudiǎnr	yìdiǎnr
有点儿	一点儿

Zhè jiàn　yīfu　　　　　　　　féi　yǒu méi yǒu shòu　　　　　　de
1. 这件衣服（　　　　　　）肥，有没有瘦（　　　　　　）的？

Zhè běn shū　　　　　　　nán　　nà běn shū róngyì
2. 这本书（　　　　　　）难，那本书容易（　　　　　　）。

Zhè kè de shēngcí　　　　　　duō
3. 这课的生词（　　　　　　）多。

Zhè ge fángjiān　　　　　xiǎo
4. 这个房间（　　　　　　）小。

Zhè jiàn　　　　　guì　nà jiàn piányi
5. 这件（　　　　　　）贵，那件便宜（　　　　　　）。

二、连词成句

Reorder the words into sentences.

tái　duōshaoqián　zhè　diànnǎo
1. 台　多少钱　这　电脑

_____。

2. wǒ bù píngguǒ mǎi
　 我　不　苹果　买

_____。

3. xiǎng zài yì běn cídiǎn tā mǎi
　 想　再　一　本　词典　他　买

_____。

4. yǒudiǎnr guì yīfu zhè jiàn
　 有点儿　贵　衣服　这件

_____。

5. hóng de xǐhuan wǒ
　 红的　喜欢　我

_____。

6. zhè běn shìhé xiǎo háizi shū
　 这本　适合　小孩子　书

_____。

7. sān kuài wǔ yī jīn píngguǒ
　 三块五　一斤　苹果

_____。

8. yào nǎ shǒujī nǐ bù
　 要　哪　手机　你　部

_____。

sān Dàshēng lǎngdú duǎnwén bìng wánchéng liànxí
三、大声朗读短文并完成练习

Read aloud and finish the exercise.

Shuāngshíyī lái le shāngchǎng lǐ de dōngxī dōu zài dǎzhé Zhè jiàn yīfu zhìliàng hěn
"双十一"来了，商场里的东西都在打折。这件衣服质量很

bú cuò kuǎnshì yě hǎokàn Yuánlái 298 yuán xiànzài dǎ wǔ zhé zhǐyào 149 yuán Wǒ
不错，款式也好看。原来298元，现在打五折，只要149元。我

xiǎng mǎi yí jiàn huángsè de yīfu dànshì huángsè de yǒudiǎnr dà Hóngde yě hěn piàoliang
想买一件黄色的衣服，但是黄色的有点儿大。红的也很漂亮，

suǒyǐ wǒ zuìhòu mǎi le hóngde
所以我最后买了红的。

Nǐ zhīdào shuāngshíyī shì shénme ma
1. 你知道"双十一"是什么吗？

Nǐ gòuwù zuì zhùzhòng nǎ yì fāngmiàn
2. 你购物最注重哪一方面？

Qǐng gēnjù zìjǐ de wǎnggòu jīnglì xiě yí duàn huà bìng bǎ tā fā dào zì méitǐ shàng
请根据自己的网购经历写一段话，并把它发到自媒体上，

kànkan huì yǐn qǐ shénme gòngmíng
看看会引起什么共鸣。

Please write a paragraph based on your online shopping experience and post it on We Media to see what resonates.

四、到 商 店 和 网 上 调查下列物品的价格

sì　Dào shāngdiàn hé wǎngshàng diàochá xiàliè wùpǐn de jiàgé

Find out the prices of the following items in a store or on the Internet.

wùpǐn 物品	jiàgé 价格
niúnǎi 牛奶	_____元 yuán
kāfēi 咖啡	_____元 yuán
yágāo 牙膏	_____元 yuán
yáshuā 牙刷	_____元 yuán
xǐyījī 洗衣机	_____元 yuán
yǔsǎn 雨伞	_____元 yuán
miànbāo 面包	_____元 yuán
qiānbǐ 铅笔	_____元 yuán
bǐjìběn 笔记本	_____元 yuán
shǒubiǎo 手表	_____元 yuán

Zài nǐmen guójiā　zhèxiē wùpǐn de jiàgé zěnmeyàng

1. 在你们国家，这些物品的价格怎么样？

Nǐ zài Zhōngguó mǎi guò nǎxiē dōngxi　Fēnbié shì shénme jiàgé

2. 你在中国买过哪些东西？分别是什么价格？